ORFEU DA CONCEIÇÃO

VINICIUS DE MORAES

ORFEU DA CONCEIÇÃO

1ª reimpressão

Copyright © 2013 by V. M. Cultural
www.viniciusdemoraes.com.br
www.facebook.com/ViniciusDeMoraesOficial
www.instagram.com/poetaviniciusdemoraes
www.youtube.com/viniciusdemoraes

Esta edição de *Orfeu da Conceição* foi produzida a partir da versão que consta em *Teatro em versos* (Companhia das Letras), organizada por Carlos Augusto Calil.

Grafia atualizada segundo o Acordo Ortográfico da Língua Portuguesa de 1990, que entrou em vigor no Brasil em 2009.

Capa
Jeff Fisher

Revisão
Renato Potenza Rodrigues
Larissa Lino Barbosa

Dados Internacionais de Catalogação na Publicação (CIP)
(Câmara Brasileira do Livro, SP, Brasil)

Moraes, Vinicius de, 1913-1980.

Orfeu da Conceição / Vinicius de Moraes. — 1ª ed. — São Paulo : Companhia das Letras, 2013.

ISBN 978-85-359-2307-0

1. Teatro brasileiro I. Título.

13-07150   CDD-869.92

Índice para catálogo sistemático:
1. Teatro : Literatura brasileira 869.92

2022

Todos os direitos desta edição reservados à
EDITORA SCHWARCZ S.A.
Rua Bandeira Paulista, 702, cj. 32
04532-002 — São Paulo — SP
Telefone: (11) 3707-3500
www.companhiadasletras.com.br
www.blogdacompanhia.com.br

SUMÁRIO

Radar da batucada 7
O mito de Orfeu *15*

ORFEU DA CONCEIÇÃO — Tragédia carioca *17*

Material complementar *89*
Cronologia *99*

RADAR DA BATUCADA*

Sempre que me perguntam como criei o *Orfeu da Conceição*, digo que fui antes o radar de uma ideia, que o seu criador. Se eu não estivesse, num determinado instante, no lugar onde estava, nunca o Orfeu negro teria existido.

Foi em 1942, num jantar com meu amigo e escritor americano Waldo Frank, que surgiu o que se poderia chamar o embrião de onde nasceria, alguns meses mais tarde, a ideia de *Orfeu da Conceição*. Acompanhava eu, então, o autor de *America Hispana* em todas as incursões por favelas, macumbas, clubes e festejos negros no Rio, e me sentia particularmente impregnado do espírito da raça.

Conversa vai, criou-se subitamente em nós, através de um processo por associação caótica, o sentimento de que todas aquelas celebrações e festividades a que vínhamos assistindo tinham alguma coisa a ver com a Grécia; como se o negro, o negro carioca no caso, fosse um grego em ganga — um grego ainda despojado de cultura e do culto apolíneo à beleza, mas não menos marcado pelo sentimento dionisíaco da vida.

Posteriormente, na viagem que fiz com o mesmo escritor ao Norte do Brasil, o espetáculo dos candomblés, capoeiras e festejos negros da Bahia só fez fortificar essa impressão.

Assim é que, uma noite desse mesmo ano, estando eu em casa de meu cunhado, o grande arquiteto Carlos Leão, casa construída na vertente de um morro em Niterói, a cavaleiro do

---

* Montagem de dois textos do autor, um publicado no programa da primeira encenação de *Orfeu da Conceição* no Teatro Municipal do Rio, o outro inédito, escrito provavelmente para o Festival de Cannes, em forma de testemunho. O título foi atribuído pelo organizador. (N. O.)

saco de São Francisco, pus-me a ler, por desfastio, num velho tratado francês de mitologia grega, a lenda de Orfeu — o maravilhoso músico e poeta da Trácia. Curiosamente, nesse mesmo instante, em qualquer lugar do morro, moradores negros começaram uma infernal batucada, e o ritmo áspero de seus instrumentos — a cuíca, os tamborins, o surdo — chegava-me nostalgicamente, de envolta com ecos mais longínquos ainda do pranto de Orfeu chorando a sua bem-amada morta. De súbito, as duas ideias ligaram-se no meu pensamento, e a vida do morro, com seus heróis negros tocando violão, e suas paixões, e suas escolas de samba que descem à grande cidade durante o Carnaval, e suas tragédias passionais, me pareceu tão semelhante à vida do divino músico negro, e à eterna lenda da sua paixão e morte, que comecei a sonhar um Orfeu negro.

A ideia pareceu-me tão curiosa que, naquela mesma noite, escrevi, de um só fôlego, todo o primeiro ato de minha peça, transpondo diretamente o mito grego para o morro carioca. Tudo o que fiz foi colocar nas mãos de um herói de favela, em lugar da lira helênica, o violão brasileiro, e submetê-lo ao sublime e trágico destino de seu homônimo grego — destino que o levou, através da integração total pela música, ao conhecimento do amor no seu mais alto e belo sentido e, pelo amor, às forças incontroláveis da paixão, à destruição eventual da harmonia em si mesmo e no mundo em torno e, finalmente, à sua própria morte.

Lembro-me que, quando acabei, a madrugada — uma radiosa madrugada de verão — raiava sobre a baía de Guanabara, cujo panorama eu podia descortinar numa grande extensão. Mas a peça parou aí. Não querendo dar-lhe um tratamento igual ao do mito grego, em que Orfeu desce aos infernos em busca de sua amada morta, procurei em vão um *Ersatz*. Um belo dia, cinco anos depois [1948], sendo eu cônsul do Brasil em Los Angeles, veio-me de repente o segundo ato. O inferno do Orfeu negro seria o Carnaval carioca. Orfeu buscaria Eurídice em meio ao ritmo desencadeado das escolas de samba, dos passistas, dos mascarados em travesti, dos negros libertando-se de sua pobreza no luxo das fantasias compradas à custa de economias de um ano.

É curioso notar, entretanto, que a ação dramática pontilhada de acontecimentos dos quais o horror participa ativamente não torna, em absoluto, a legenda do Orfeu grego ou do Orfeu negro uma história negativa do ponto de vista de sua aceitação humana e artística. Trata-se, muito pelo contrário, de uma história perfeitamente positiva, pois representa a luta de um homem — no caso um ser quase divino, pela excelência de sua qualidade pessoal e artística — para realizar, pela música, uma integração total na vida do seu semelhante, posteriormente na vida da mulher amada e, desaparecida esta, em sua própria morte.

A peça foi originalmente dividida em três atos, compreendendo o primeiro a formulação das personagens centrais, a sua situação no tempo e no espaço, o desenho de suas relações e, finalmente, a colocação dos fundamentos da tragédia, sob o ângulo do destino, tal como deverá ela se processar.

São suas personagens Orfeu da Conceição, o músico que dá nome à história; Eurídice, sua amada; Clio, a mãe de Orfeu; Apolo, seu pai; Aristeu, um criador de abelhas apaixonado por Eurídice; Mira de tal, uma mulher do morro, amante desprezada de Orfeu e quem mais representa na peça a trama do destino; a Dama Negra, que é a encarnação da Morte; Plutão, o Rei dos Infernos — no nosso caso o presidente do clube carnavalesco que configura o inferno de desespero do Orfeu negro; Prosérpina, sua rainha; o Cérbero, o grande cão de guarda do inferno, que Orfeu vence com o poder de sua música; e, além disso, um coro, com o seu Corifeu, um considerável corpo de baile e toda a comparsaria necessária num total de quarenta e cinco pessoas. A ação situa-se no tempo presente, num morro que poderia ser não importa qual da cidade, e todas as personagens da tragédia são gente de cor — e isso por uma razão muito simples: procurei dar à trama a mais completa unidade do ponto de vista da dramaturgia. A intromissão de personagens brancas criaria certamente na entrosagem psicológica das figuras elementos alheios à tragédia tal como ela se desenrola — o que não quer dizer que ela não possa ser representada, eventualmente, por atores brancos. Mas me parece que seria atentar contra o seu espírito por assim dizer helênico nela colocar atores racialmente mesclados. O negro possui uma cultura própria e um temperamento sui generis, e embora integrado no complexo racial brasileiro sempre manifestou a necessidade de seguir a trilha de sua própria cultura, prestando assim uma contribuição verdadeiramente pessoal à cultura brasileira em geral: aquela liberta dos preconceitos de cor, credo ou classe.

Esta peça é, pois, uma homenagem do seu autor e empresário, e de cada um dos elementos que a montaram, ao negro brasileiro, pelo muito que já deu ao Brasil mesmo dentro das condições mais precárias de existência.

ORFEU DA CONCEIÇÃO
Tragédia carioca

A
Susana de Moraes,
minha filha

Now strike the golden lyre again:
A louder yet, and yet a louder strain.
Break his bands of sleep asunder,
And rouse him, like a rattling peal of thunder.

> *Hark, hark! the horrid sound*
> *Has raised up his head;*
> *As awaked from the dead,*
> *And amazed, he stares around.*

JOHN DRYDEN, "Ode in honour of St. Cecilia's Day"

[...] *sin pan, sin música, cayendo*
en la soledad desquiciada
donde Orfeo le deja apenas
una guitarra para su alma
una guitarra que se cubre
de cintas y desgarraduras
y canta encima de los pueblos
como el ave de la pobreza.

PABLO NERUDA, "La crema"

O MITO DE ORFEU*

"Orfeu teve desgraçado fim. Depois da expedição à Cólquida, fixou-se na Trácia e ali uniu-se à bela ninfa Eurídice. Um dia, como fugisse Eurídice à perseguição amorosa do pastor Aristeu, não viu uma serpente oculta na espessura da relva, e por ela foi picada. Eurídice morreu em consequência, e desde então Orfeu procurou em vão consolar sua pena enchendo as montanhas da Trácia com os sons da lira que lhe dera Apolo. Mas nada podia mitigar-lhe a dor e a lembrança de Eurídice perseguia-o em todas as horas.

Não podendo viver sem ela, resolveu ir buscá-la nas sombrias paragens onde habitam os corações que não se enterneceram com os rogos humanos. Aos acentos melódicos de sua lira, os espectros dos que vivem sem luz acorreram para ouvi-lo, e o escutavam silenciosos como pássaros dentro da noite. As serpentes que formam a cabeleira das intratáveis Erínias deixaram de silvar e o Cérbero aquietou o abismo de suas três bocas. Abordando finalmente o inexorável Rei das Sombras, Orfeu dele obteve o favor de retornar com Eurídice ao Sol. Porém, seu rogo só foi atendido com a condição de que não olhasse para trás a ver se sua amada o seguia. Mas no justo instante em que iam ambos respirar o claro dia, a inquietude do amor perturbou o infeliz amante. Impaciente de ver Eurídice, Orfeu voltou-se, e com um só olhar que lhe dirigiu perdeu-a para sempre.

As Bacantes, ofendidas com a fidelidade de Orfeu à amada desaparecida, a quem ele busca perdido em soluços de saudades, e vendo-se desdenhadas, atiram-se contra ele numa noite santa

---

* Excerto de *La leyenda dorada de los dioses y de los héroes*, da autoria do helenista Mario Meunier.

e esquartejam o seu corpo. Mas as Musas, a quem o músico tão fielmente servira, recolheram seus despojos e os sepultaram ao pé do Olimpo. Sua cabeça e sua lira, que haviam sido atiradas ao rio, a correnteza jogou-as na praia da ilha de Lesbos, de onde foram piedosamente recolhidas e guardadas."

NOTA

Todas as personagens da tragédia devem ser normalmente representadas por atores da raça negra, não importando isto em que não possa ser, eventualmente, encenada com atores brancos.

Tratando-se de uma peça onde a gíria popular representa um papel muito importante, e como a linguagem do povo é extremamente mutável, em caso de representação deve ela ser adaptada às suas novas condições.

As letras dos sambas constantes da peça, com música de Antônio Carlos Jobim, são necessariamente as que devem ser usadas em cena, procurando-se sempre atualizar a ação o mais possível.

ORFEU DA CONCEIÇÃO
Tragédia carioca em três atos

PERSONAGENS

Orfeu da Conceição, o músico
Eurídice, sua amada
Clio, a mãe de Orfeu
Apolo, o pai de Orfeu
Aristeu, criador de abelhas
Mira de tal, mulher do morro
A Dama Negra
Plutão, presidente dos Maiorais do Inferno
Prosérpina, sua rainha
O Cérbero
Gente do morro
Os Maiorais do Inferno
Coro e Corifeu

AÇÃO

Um morro carioca

TEMPO

O presente

PRIMEIRO ATO

CENA

O morro, a cavaleiro da cidade, cujas luzes brilham ao longe. Platô de terra com casario ao fundo, junto ao barranco, defendido, à esquerda, por pequena amurada de pedra, em semicírculo, da qual desce um lance de degraus. Noite de lua, estática, perfeita. No barraco de Orfeu, ao centro, bruxuleiam lamparinas. Ao levantar o pano, a cena é deserta. Depois de prolongado silêncio, começa-se a ouvir, distante, o som de um violão plangendo uma valsa* que pouco a pouco se aproxima, num tocar divino, simples e direto como uma fala de amor. Surge o Corifeu.

Corifeu:
São demais os perigos desta vida
Para quem tem paixão, principalmente
Quando uma lua surge de repente
E se deixa no céu, como esquecida.
E se ao luar que atua desvairado
Vem se unir uma música qualquer
Aí então é preciso ter cuidado
Porque deve andar perto uma mulher.
Deve andar perto uma mulher que é feita
De música, luar e sentimento
E que a vida não quer, de tão perfeita.
Uma mulher que é como a própria Lua:

---

* Nesta peça deverá ser tocada, obrigatoriamente, a valsa "Eurídice", de minha autoria.

Tão linda que só espalha sofrimento
Tão cheia de pudor que vive nua.*
Clio (*de dentro, a voz estremunhada*):
É o violão de Orfeu... Escuta, Apolo.
Apolo (*também de dentro, bocejando*):
Deixa-te estar, mulher...
Clio:
Acorda, homem! é o sangue do teu sangue
Que está tocando!
Apolo:
Então não sei? É boa!
Ninguém como mulher para ter língua
Para dizer as coisas... qual! Quem foi
Que pegou no menino e ensinou ele?
Quem teve a ideia? Quem pagou o dinheiro
Pelo melhor violão? um instrumento
T'esconjuro! que, às vezes, eu te juro
Clio, tocava com o roçar do vento...
Clio:
É mesmo. Foi você que ensinou ele...
Ele aprendeu, o meu Orfeu. Agora
Ninguém toca com ele, nem o mestre
Com quem ninguém tocava dantes. Ouve
Apolo, que beleza! que agonia!
Me dá uma vontade de chorar...
Apolo:
Toca muito o meu filho, até parece
Não um homem, mas voz da natureza...
Se uma estrela falasse, assim dizia.
Escuta só. (*dá risada*) Até ofende a Deus
Tocar dessa maneira. Olha que acordes!
Quanta simplicidade! Sabes duma?

---

* Vinte anos depois, em pleno decênio de 1970, estes versos ganharam uma melodia, composta por Toquinho, o último parceiro de Vinicius. (N. O.)

Me lembro dele quando, pequenino
Ficava engatinhando no terreiro
Nuzinho como Deus o fez: ficava
De boca aberta, resmungando coisa
Olhando as estrelinhas que acordavam
De tarde, pelo céu... Esse menino
Eu pensava, conversa com as estrelas...
Vai ver conversa mesmo.
Clio:
        Se conversa!
Mas fica quieto, peste. É até pecado
Ficar falando com Orfeu tocando.

A música, em acordes, desenrola-se solta, cada vez mais próxima. Já agora ritmos de samba começam a marcá-la, aqui e ali, ritmos saudosos que enchem a noite. Às vezes chegam de longe sons, um cantar agudo de mulher, uma voz de homem que chama, pedaços soltos de um ensaio de batucada. Mas o violão cristalino predomina sempre. Num dado momento, a noite faz-se subitamente muito escura, como se uma nuvem espessa tivesse encoberto a Lua. Ao clarear a cena, Orfeu acha-se no topo da escada, o violão a tiracolo.

Orfeu:
Toda a música é minha, eu sou Orfeu!

Dá uma série de acordes e glissandos à medida que se aproxima da amurada. Vindas, ninguém sabe de onde, entram voando pombas brancas que logo se perdem na noite. Próximo uivam cães longamente. Um gato que surge vem esfregar-se nas pernas do músico. Vozes de animais e trepidações de folhas, como ao vento, vencem por um momento a melodia em pianíssimo que brota do violão mágico. Orfeu escuta, extático. Depois recomeça a tocar, enquanto, por sua vez, cessam os sons da natureza. Ficam nesse desafio por algum tempo, alternando vozes, até que tudo estanca, vozes, ruídos e música.

Orfeu:
　　Eu sou Orfeu... Mas quem sou eu? Eurídice...

> *Voltam por um momento os sons, os uivos de cães que se lamentam, o chilrear patético de pássaros nos ninhos. Depois a melodia do violão se retoma como um carinho.*

Orfeu:
　　Eurídice... Eurídice... Eurídice...
　　Nome que pede que se digam coisas
　　De amor: nome do meu amor, que o vento
　　Aprendeu para despetalar a flor
　　Nome da estrela sem nome... Eurídice...

> *Tenta executar, em glissandos, o nome por que chama. Depois ri beatificamente, balançando a cabeça.*

Clio (*de dentro*):
　　Orfeu? Meu filho, és tu? Que estás fazendo?
　　Estás falando sozinho, filho meu?
Orfeu:
　　Mãe, ainda não dormiu?
Clio:
　　Mas que pergunta!
　　Dormindo eu não estaria perguntando.
　　Onde está com a cabeça, Orfeu?
Orfeu (*baixinho*):
　　No céu.

> *Ouve-se barulho dentro do barracão, e pouco depois surge Clio à porta. Fica parada, espiando o filho sem ser vista. Mais tarde aparece Apolo e os dois deixam-se estar, atentos aos menores gestos do tocador.*

Orfeu (*num sussurro*):
　　Eurídice ... Onde está você, Eurídice?

> *Não para um segundo de tocar, como atendendo a uma
> música íntima. Mas de repente se volta,
> como sentindo-se observado.*

Orfeu (*a voz meio agastada*):
  Mãe? Pai? Que é isso? Já pra dentro!
  Sair da cama quente com esse tempo
  Frio... Não têm juízo?
Clio:
                          Quem não tem
  Juízo? O que pergunta ou o que responde?
  O que quer dar um pouco do que é seu
  Ou o que tinha juízo e que perdeu
  E que nem sabe onde?
Orfeu (*como para si mesmo*):
                          Sabe onde.
  Sabe onde! Minha mãe, neste momento
  O juízo de Orfeu tem outro nome
  Um nome de mulher... Neste momento
  O juízo de Orfeu canta baixinho
  Um poema de Orfeu que não é seu:
  É um nome de mulher... Neste momento
  O juízo de Orfeu, todo de branco
  Sobe o morro para encontrar Orfeu!
Clio:
                                    Meu filho
  Que é isso? Onde está o meu Orfeu?
  Estou te estranhando tanto...
Apolo:
                          Não te mete
  Mulher, deixa o menino...
Orfeu:
                          Não, meu pai
  Foi bom até puxar o assunto. Eu...
Clio:
  Tu estás tocando muito hoje, meu filho...

Tu sempre tocas muito, eu sei; mas hoje
Teu violão entrou pelo meu sono
Como uma fala triste. Que é que há
Com você, filho meu, que tua mãe
Sabe e não quer saber, e que agonia
A negra velha?

Orfeu (carinhoso):

                Minha velha... *(corre a beijá-la)*
Mãezinha, como pode?...

Clio:

    Uai, podendo!
Pois a gente não é de carne e osso
Não bota filho neste negro mundo
Não sofre, não capina, não se cansa
Não espreme o peito até dar leite e sangue
Não lava roupa até comer o sabugo *(olha Apolo de lado)*
Não sustenta um malandro, um coisa-ruim
Que só sabe contar muita garganta
E beber sem parar no botequim?
Pois a gente não é mãe, não cria um filho
Pra ser, como eu criei, absoluto
Pra ser o tal, querido e respeitado
Por homens e mulheres?

Apolo olha Orfeu, levanta os ombros e interna-se no barracão. Ao emudecer sua mãe, o músico põe-se a tocar baixinho, em acordes nervosos.

Orfeu:

                Ah, minha mãe
Minha mãe, que bobagem! e para que
Ofender o meu velho, homem tão bom
Quanto músico, ele que me ensinou
Tudo o que eu aprendi, da posição
À harmonia, e que se nada fez
É porque fez demais, fez poesia...

Clio:
>Ah, que eu já estou muito chata desta vida
>Tomara já morrer...

Orfeu:
>>Morrer sem ver
>O filho de seu filho, que vai ser
>O maioral dos maiorais?

Clio (*chegando-se a ele*):
>Que conversa esquisita é essa, meu filho?

Orfeu (*pondo-lhe as mãos nos ombros*):
>Tão grande minha mãe, e ainda tão boba! (*recomeça a tocar*)
>Minha mãezinha, eu quero me casar
>Com Eurídice...

Clio (*a voz desesperada*):
>Com Eurídice, meu filho?
>Com Eurídice, nego? Mas... pra quê?

Orfeu (*dedilhando docemente*):
>Eu gosto dela, minha mãe; é um gosto
>Que não me sai nunca da boca, um gosto
>Que sabe a tudo o que de bom já tive...
>Aos seus beijos de mãe quando eu menino
>À primeira canção que fiz, ao sonho
>Que tive de chegar onde estou hoje...
>Um gosto sem palavras, como só
>A música pode saber...

Dedilha o violão, como à procura da expressão que lhe falta.

>>Minha mãe
>Eu quero Eurídice e Eurídice me quer
>Teu Orfeu, minha mãe, também é homem
>Precisa de uma mulher...

Clio (*embargada*):
>>Uma mulher?!
>Qual a mulher que Orfeu não pode ter?
>É só chamar... Meu filho, o morro é teu

É só você; desde sua mãe, que é tua
Até a última mulher... Pra que
Ir se amarrar, meu filho? Pensa um pouco
Você nasceu para ser livre, Orfeu!
Orfeu prisioneiro...

Orfeu:
Você não entende, não; não sou mais eu
É ele, minha mãe... Orfeu é Eurídice
A música de Orfeu é como o vento
E a flor; sem a flor não há perfume
Há o vento sozinho, e é triste o vento
Sozinho, minha mãe...

Clio:
                       Escuta, filho
Eu sei, tudo isso eu sei; minha conversa
É outra, Orfeu. Não é que eu seja contra
Você gostar de Eurídice, meu filho
Não tem mesmo mulata mais bonita
Nem melhor, neste morro — uma menina
Que faz gosto, de tão mimosa... mas
Pra quê? Eu te conheço bem, Orfeu
Eu que sou tua mãe, e não Eurídice
Mãe é que sabe, mãe é que aconselha
Mãe é que vê! e então eu não estou vendo
Que descalabro, filho, que desgraça
Esse teu casamento a três por dois
Tu com essa pinta, tu com essa viola
Tu com esse gosto por mulher, meu filho?
Ouve o que eu estou dizendo antes que seja
Tarde... Não que eu me importe... Mãe é feita
Mesmo para servir e pôr no lixo...
Mas toma tento, filho; não provoca
A desunião com uma união; você
Tem usado de todas as mulheres
Eu sei que a culpa disso não é só tua
O feitiço entra nelas com tua música

Mas de uma coisa eu sei, meu filho: não
Provoca o ciúme alheio; atenta, Orfeu
Não joga fora o prato em que comeste...
Você quer a menina? muito bem!
Fica com ela, filho... — mas não casa
Pelo amor de sua mãe. Pra que casar?
Quem casa é rico, filho; casa não!
Quem casa quer ter casa e ter sustento
Casamento de pobre é amigação
Junta só com a menina; casa não!

Enquanto sua mãe fala, Orfeu não para um só instante de tocar, como se discutisse com ela em sua música, às vezes com a maior doçura, às vezes irritado ao extremo. Ao ver, no entanto, a face dolorosa com que Clio termina a sua exortação, corre a ela e abraça-a.

Orfeu:
   Minha velha!
Clio (*chorando*):
   Meu filho, casa não!

Põe-lhe os braços sobre os ombros, trazendo-lhe a cabeça, e beija-o rudemente sobre a testa. Orfeu conserva-se assim por um instante, meio curvo.
Ao recuperar-se novamente, está sozinho. Olha à toa, atônito. Seu violão, como perdido, responde ao estado de alma que o toma em acordes lancinantemente dissonantes. A frase musical correspondente ao nome de Eurídice reponta pungente em seu dedilhado agônico. Ele aproxima-se da amurada, voltado para as luzes da cidade. Uma lufada de vento traz sons como de harpa, que parecem enunciar o nome de Eurídice. Tudo é Eurídice na mecânica do instante, e a presença da mulher amada deve manter-se com uma força e fatalidade inenarráveis.

Orfeu:
 Eurídice! Eurídice! Eurídice!

> *O violão responde com três acordes semelhantes. Aos poucos, uma melodia parece repontar, com ritmos mais característicos, da massa informe de música que brota do instrumento. Orfeu, atento ao chamado, dedilha mais cuidadosamente certas frases. Aos poucos o samba começa a adquirir forma, enquanto a letra espontânea, a princípio soletrada, vai se adaptando à música.*

Orfeu (*cantando "Um nome de mulher"*):
 Um nome de mulher
 Um nome só e nada mais...
 E um homem que se preza
 Em prantos se desfaz
 E faz o que não quer
 E perde a paz.

 Eu por exemplo não sabia, ai, ai
 O que era amar
 Depois você me apareceu
 E lá fui eu
 E ainda vou mais...

> *Repete a melodia algumas vezes, cantando entre dentes e fazendo uns passinhos de samba. Quando acaba ri sozinho.*

Orfeu:
 Eh! sambinha gostoso! estou te vendo
 Descer o morro, meu samba... Ó turbilhão
 De músicas em mim! Ih, já tem outra
 Pronta para sair! Sossega, ideia!
 Calma, violão! assim não adianta!
 Vamos mais devagar... Deixa ver essa (*dedilha*)
 Melodia... Frase para uma canção...
 Uma canção a se chamar...

Eurídice (que já se achava presente havia algum tempo a observá-lo):
>... Eurídice!

Orfeu:
>Foi você que falou, violão? ou foi
>O nome dela no meu coração
>Que eu disse sem saber?...

Eurídice:
>>Foi não, foi não!
>Foi o amor mesmo que chegou, Orfeu!
>Sou eu, neguinho...

Orfeu (voltando-se, dá com ela e recua como ofuscado):
>>Eurídice! Visão!

Eurídice:
>Como passou o meu amor sem mim?
>Pensou em mim? (*suspira*) Três horas e quarenta
>Minutos sem olhar o meu amor
>Ah! meu amor mais lindo...

>*Correm um para o outro e se abraçam apaixonadamente.*

>>Sofrimento!

Orfeu:
>Só sofrimento!

Eurídice:
>>Ouve o meu coração
>Como bate, neguinho. Vim correndo...

Orfeu (põe-se a soluçar, a cabeça oculta no colo da amada):
>Mulher, eu já nem sei o que me mata
>Se é o amor que te tenho, tão maior
>Que esse meu doido peito, ou se a vontade
>Impossível de amar-te mais ainda. (*afasta-se para olhá-la*)
>Ah, meu amor, como você é linda!

Eurídice:
>Só uma coisa no mundo é linda: Orfeu! (*beija-o*)

Orfeu:
>Alguém chora de bobo... não sou eu!

Eurídice (beijando-lhe os olhos):
    Lágrimas do meu imenso amor, lágrimas
    Tão puras... sobre a tua pele escura
    Lembram estrelas de noite... deixa eu ver
    Quero beber uma por uma as lágrimas
    Me embriagar de estrelas...
Orfeu:
                    Ah, neguinha
  Quanta saudade!

            Riem os dois, de mãos dadas, contemplando-se.

        Eurídice, dizer
  Que eu nasci antes de você nascer!
  Como é que pode ser? o que é que eu era
  Antes de Eurídice? um feixe grande de ossos?
  Um bocado de carne e pele escura?
  Dois pés e duas mãos? E o sentimento
  A ideia, o que eram? Nada! O nascimento
  De Orfeu foi quando Eurídice nasceu!
Eurídice:
  Doçura do meu peito! fala mansa
  Que toda me arrepia! desgraçado
  Que me matas de gosto! tentação!
  Ah, não me fala assim tão doce não
  Ainda não, ainda não, senão Eurídice
  Vai ser tua antes de ser...
Orfeu (tomando-a nos braços):
                      Paixão!
  Paixão que me alucina e me dá vida!
  Mulher do meu amor aparecida
  Eu te quero pra mim!
Eurídice:
                   Ainda não!
  Por favor, meu amor, um segundinho
  Só; daqui dois dias nos casamos

Como se combinou; já está tratado
O casamento e tudo; já cosi
Meu vestido de noiva, comprei véu...
Vamos fazer assim como Deus quer
Não é mesmo?
Orfeu (*abraçando-a violentamente*):
     Paixão, paixão, paixão
Paixão por ti, mulher!

Beijam-se num embate irresistível, enquanto novamente o céu escurece como se uma nuvem ocultasse a lua. Sons como vozes informes parecem vir do vento, em meio dos quais repontam subitamente os gemidos agoniados de Eurídice.

Eurídice (*a voz embargada*):
Não, meu neguinho. Pelo amor de Deus
Ainda não! ainda não!

A luz da lua volta a iluminar a cena. Orfeu desembaraça-se lentamente do abraço da namorada.

Orfeu:
     Perdão, Eurídice
Se é que é possível o amor pedir perdão.
Dois dias mais... é tanto tempo, Eurídice (*muda de tom*)
Tá bem. Faço das tripas coração
Morro de amor, tá bom?... porque a morena
Não me quer...
Eurídice (*num gemido*)
Peste, demônio, coisa ruim! me mata
Mas não me fala assim...
Orfeu:
     Minha adorada
Eu estou brincando, bem-querer...
Eurídice:
     Desculpa

A culpa é minha, eu sei...
Orfeu:
                    Ninguém tem culpa
Minha neguinha... é só amor — mais nada...
Eurídice (suspirando fundo):
Poxa! estou com a cabeça revirada...

> *Riem gostosamente. Depois novamente se abraçam, mas desta vez com infinita ternura.*

Orfeu (abraçando a namorada):
O meu amor tão bom... Meu bem... Meu bem...
Eurídice:
Diz que mulher tem alma de gato. Tem.

> *Riem mais, abraçados. Depois Eurídice desenlaça-se.*

Orfeu:
Já, neguinha?
Eurídice:
           É preciso, meu amor...
Preciso dar uma chegada em casa
Ver mamãe.
Orfeu:
         Vê se volta, por favor...
Tenho um sambinha novo pra mostrar
E quem sabe se até você voltar
Não sai outro...
Eurídice (dirigindo-se ao violão):
              Me diga... sai, violão?

> *Orfeu dedilha o instrumento à solta.*

Orfeu:
Ele disse que faz o que você manda
Meu coração.

Eurídice (benzendo-se)
                Cruz-credo! até parece
Que essa viola fala de verdade...
Vai ver fala de fato.

Orfeu, brincando, exprime coisas que lhe quer dizer, coisas súplices que fazem a namorada rir.

Até, neguinho.
Volto num instante.

De repente retorna o vento, e os rumores estranhos da noite. O violão toca agitado por alguns instantes enquanto Eurídice se afasta.

Orfeu (num grito):
    Eurídice!
Eurídice (voltando-se assustada):
               Que foi, Orfeu? alguma
    Coisa, meu bem-querer?
Orfeu:
                    Não sei. Me deu
De repente uma coisa, uma agonia
Uma vontade de te ver...

A cena clareia de modo fantástico, como se a intensidade do luar tivesse aumentado sobrenaturalmente.

                 Querida!
Não vai não!
Eurídice:
             Meu neguinho, que bobagem!
É um instantinho só. Volto com a aragem...
Orfeu:
Por que você está assim, filhinha?
O que é que você tem?

Eurídice:
>
> É a lua, coração.
>
É a luz da lua, não é nada não.
Orfeu:
   Ai, que agonia que você me deu
   Meu amor! que impressão, que pesadelo!
   Como se eu te estivesse vendo morta
   Longe como uma morta...
Eurídice (*chegando-se a ele*):
>
> Morta eu estou.
>
   Morta de amor, eu estou; morta e enterrada
   Com cruz por cima e tudo!
Orfeu (*sorrindo*):
>
> Namorada
>
   Vai bem depressa. Deus te leve. Aqui
   Ficam os meus restos a esperar por ti
   Que dás vida!

>   *Eurídice atira-lhe um beijo e sai.*

Mulher mais adorada!
Agora que não estás, deixa que rompa
O meu peito em soluços! Te enrustiste
Em minha vida; e cada hora que passa
É mais por que te amar, a hora derrama
O seu óleo de amor, em mim, amada...
E sabes de uma coisa? cada vez
Que o sofrimento vem, essa saudade
De estar perto, se longe, ou estar mais perto
Se perto — que é que eu sei! essa agonia
De viver fraco, o peito extravasado
O mel correndo; essa incapacidade
De me sentir mais eu, Orfeu, tudo isso
Que é bem capaz de confundir o espírito
De um homem —, nada disso tem importância
Quando tu chegas com essa charla antiga

Esse contentamento, essa harmonia
Esse corpo! e me dizes essas coisas
Que me dão essa força, essa coragem
Esse orgulho de rei. Ah, minha Eurídice
Meu verso, meu silêncio, minha música!
Nunca fujas de mim! sem ti sou nada
Sou coisa sem razão, jogada, sou
Pedra rolada. Orfeu menos Eurídice...
Coisa incompreensível! A existência
Sem ti é como olhar para um relógio
Só com o ponteiro dos minutos. Tu
És a hora, és o que dá sentido
E direção ao tempo, minha amiga
Mais querida! Qual mãe, qual pai, qual nada!
A beleza da vida és tu, amada
Milhões amada! Ah! criatura! quem
Poderia pensar que Orfeu: Orfeu
Cujo violão é a vida da cidade
E cuja fala, como o vento à flor
Despetala as mulheres — que ele, Orfeu
Ficasse assim rendido aos teus encantos!
Mulata, pele escura, dente branco
Vai teu caminho que eu vou te seguindo
No pensamento e aqui me deixo rente
Quando voltares, pela lua cheia
Para os braços sem fim do teu amigo!
Vai, tua vida, pássaro contente
Vai, tua vida, que estarei contigo!

Às últimas linhas o violão de Orfeu já começa a afirmar uma nova melodia, que o músico retoma. O samba se vai pouco a pouco revelando, enquanto a letra se forma naturalmente, ao sabor do ensaio. Orfeu canta "Se todos fossem iguais a você".

Vai, tua vida
Teu caminho é de paz e amor

A tua vida
É uma linda canção de amor
Abre os teus braços e canta a última esperança
A esperança divina
De amar em paz...

Se todos fossem iguais a você
Que maravilha viver!
Uma canção pelo ar
Uma mulher a cantar
Uma cidade a cantar
A sorrir, a cantar, a pedir
A beleza de amar...
Como o sol, como a flor, como a luz
Amar sem mentir nem sofrer
Existiria a verdade
Verdade que ninguém vê
Se todos fossem no mundo iguais a você!

Às últimas linhas, entra Mira.

Mira:
   Tá bom, deixa... Sambinha novo, Orfeu?
Orfeu (*olhando-a casualmente*):
   É. Samba novo. Como vai? Adeus.
Mira:
   Ah, gostei muito da recepção...
   Antes não tinha disso não, violão.
Orfeu:
   É. Boa noite. Vê se eu estou na esquina.
   Se eu não estiver vem logo me contar.
   Não me encontrando, eu estou em algum lugar.
Mira (*mudando de tom*):
   Que é isso, coração? me desprezando?
   Antigamente ocê era diferente...
   Me lembro um samba teu chamado "Mira":

Se lembra?
Orfeu:
>Desse lado de cá não escuto nada
De tanto que escutei conversa fiada.
Joga pro alto!
Mira:
>>Te manca aí, benzinho
Se fosse outra pessoa que falasse
Você escutava direitinho...
Orfeu:
>>Some!
Sacode o lombo, vira fada, voa!
Mira:
>Tu com essas partes todas, coisa à toa
Não faz um ano andava me pegando...
Se esqueceu?
Orfeu:
>>Me esqueci. Ora essa é boa!
Que é que há pra lembrar que eu não lembro?
Sou esquecido, esquecido...
Mira:
>>Talvez você precise
De alguém para refrescar sua memória
Alguma suja, alguma descarada
Alguma vagabunda sem-vergonha
Alguma mulatinha de pedreira
Metida a branca!
Orfeu (*voltando-se furioso*):
>>Mete o pé, ferida
Senão eu te arrebento de pancada
A boca carcomida!
Mira (*enfrentando-o*):
>>É? Arrebenta
Se ocê é homem!
Orfeu (*chegando-se a ela*):
>Vai-te embora, mulher, enquanto é tempo

Não me põe louco! faz o que eu te digo!
Mira (rindo sarcástica):
   Bancando o seu abob'ra... Nem te ligo...
   Quem sabe até não quer me convidar
   Para madrinha?
Orfeu (como para si mesmo):
                  Que é isso, Orfeu...
   Muita calminha... Calma, homem, calma...
Mira (olhando-o com desprezo):
                                    É. Vou buscar
   O calmante, tá bom? Dizer que isso
   Já foi o tal! Que é que te deu, Orfeu
   Te puseram feitiço?
Orfeu:
                  Vai levando...
   Desaparece, Mira! Estou querendo
   É paz, é muita paz. Não me chateia
   Pelo amor de sua mãe, some!
Mira (cuspindo):
                              Ferida!
   Ferida és tu, seu mal-agradecido
   Desprezar essa negra que te deu
   Tudo o que tinha, tudo!
Orfeu:
                        Calma, Orfeu
   Muita calma...
Mira:
               Vendido! Porcaria!
   Filho duma cadela! Vai pro mato
   Pegar a tua Eurídice!

A essas palavras Orfeu avança sobre ela e agride-a a bofetadas.
A mulher reage e os dois lutam violentamente por um instante.
                            Numa separação momentânea,
                            Mira, atemorizada, recua.

Clio (de dentro; a voz assustada):
   Orfeu? Orfeu?

> *Orfeu se retoma e por um momento deixa-se estar na mesma posição, ofegante, enquanto a mulher, apavorada, foge lentamente de costas, até desaparecer numa carreira.*

Orfeu (a voz alterada):
   Pode dormir quietinha, mãe. Sou eu.
Clio (no entressono):
   Não fica muito tempo nesse frio
   Meu filho, vem dormir.
Orfeu:
                      Já vou, mãezinha.

> *Pega no violão e põe-se a tocar agitadamente. Depois vai serenando, em acordes que aos poucos se vão fazendo mais e mais alegres. Por fim o ritmo do samba já reponta. Dá uma sonora gargalhada.*

Mulher... ah, mulher!

> *O instrumento parece repetir a frase. Orfeu assovia. Depois o samba começa a aparecer. Orfeu canta "Mulher, sempre mulher".*

> *Mulher, ai, ai, mulher*
> *Sempre mulher dê no que der*
> *Você me abraça, me beija, me xinga*
> *Me bota mandinga*
> *Depois faz a briga*
> *Só pra ver quebrar!*
> *Mulher, seja leal*
> *Você bota muita banca*
> *E infelizmente eu não sou jornal.*

Mulher, martírio meu
O nosso amor
Deu no que deu
E sendo assim não insista, desista
Vá fazendo a pista
Chore um bocadinho
E se esqueça de mim.

Ri gostosa, sonoramente. Enquanto a sua risada se prolonga,
chegam, novamente, informes, os ruídos da natureza,
misteriosos como falas. A cena escurece como anteriormente.
Orfeu, olhando em torno, sai lentamente de cena, repetindo seu
samba ao violão. Passados alguns segundos, entra soturno Aristeu.

Aristeu:
   Eu me chamo Aristeu, pastor de abelhas
   Mas não há mel bastante neste mundo
   Para adoçar a minha negra mágoa...
   Aristeu, Aristeu, por que nasceste
   Para morrer assim, cada segundo
   Desse teu negro amor sem esperança?
   Ah, Eurídice, criança! que destino
   Cruel pôs-te, fatal, no meu caminho
   Com teu corpo, teus olhos, teu sorriso
   E tua indiferença? Ah, negra inveja
   De Orfeu! Ah, música de Orfeu! Ah, coração
   Meu, negro fava crepitando abelhas
   A destilarem o negro mel do crime!
   Orfeu, meu irmão, por quê? por que teu vulto
   Em forma de punhal no meu caminho?
   Por que te fez tão belo a natureza
   Para não a Aristeu, amar-te Eurídice?
   Por que razão te dizes meu amigo
   Orfeu, se praticaste a crueldade
   De seres como és, e sendo Orfeu
   Seres mais bem-amado? Ah, desgraçado

Aristeu, pobre vendedor de mel
Do mel de Orfeu! Tu, Orfeu, deste a colmeia
Que um dia, entre as abelhas, de repente
Abriu na cera ao ninho da serpente
Que há de picar Eurídice no seio:
Negro seio que nunca há de dar leite...

> *No final do monólogo entra Mira que, escondida, deixa-se a
> observar Aristeu.*

Mira:
    Não é verdade, Aristeu o seio negro
    De Eurídice, daqui mais nove meses
    Estará escorrendo leite branco
    Para o filho de Orfeu! Eu sei, Aristeu
    Eu sei porque eu ouvi!
Aristeu (*voltando-se*):
                        Quem está aí?
Mira (*aparecendo*):
    Eu, Mira.
Aristeu (*voltando-se possesso*):
                 Mentira! É uma mentira! (*agarra-a*)
    Fala, mulher!
Mira:
              Se você me sufoca
    Assim, como é que eu vou poder falar?
Aristeu:
    Então cala!
Mira:
             Isso não! Vou te contar
    Tudo o que ouvi Orfeu dizer a Eurídice
    E Eurídice a Orfeu... Não banca o otário
    Aristeu!

> *Põe-se a sussurrar-lhe ao ouvido, depois olha em torno.
> Afastam-se rapidamente. Poucos segundos depois, aparece*

Orfeu acompanhando no violão um choro que se executa no morro. A lua ilumina a cena. Mas de súbito tudo escurece, como anteriormente. Orfeu estaca e para de tocar. Logo, do fundo da sombra, cresce uma voz soturna, enorme, como ecoando numa câmara de eco.

A Dama Negra:
 O homem nasce da mulher e tem
 Vida breve. No meio do caminho
 Morre o homem nascido da mulher
 Que morre para que o homem tenha vida.
 A vida é curta, o amor é curto. Só
 A morte é que é comprida...
Orfeu:
 Quem falou?

A cena clareia, enquanto surge da escada, lenta, uma gigantesca negra velha, esquálida, envolta até os pés num manto branco, e trazendo nas mãos um ramo de rosas vermelhas.

A Dama Negra:
 Sou eu, Orfeu; a Dama Negra!
Orfeu (*as mãos sobre os olhos, como ofuscado*):
 Quem sois vós? Quem sois vós, senhora Dama?
A Dama Negra:
 Eu sou a Dama Negra. Não me chamo.
 Vivo na escuridão. Vim porque ouvi
 Alguém que me chamava.
Orfeu:
                     Não chamou!
 Ninguém chamou aqui!
A Dama Negra:
                     Chamou, Orfeu
 E eu vim.
Orfeu:
           Não veio! Aqui quem manda é Orfeu!

Mando eu!
A Dama Negra:
    Hoje alguém me chamou que vai comigo
    Para o fundo da noite vai comigo
    Alguém me chamou.
Orfeu:
                 Não chamou!
    Este é meu reino, aqui quem manda é Orfeu
    Digo que não chamou!
A Dama Negra:
                 O mundo é meu
    Orfeu, o mundo é meu. Tenho um instante
    Para ficar, Orfeu. Depois, Orfeu
    Tenho que ir adiante...
Orfeu:
                 Vá embora
    Senhora Dama! eu lhe digo: vá embora!
    No morro manda Orfeu! Orfeu é a vida
    No morro ninguém morre antes da hora!
    Agora o morro é vida, o morro é Orfeu
    É a música de Orfeu! Nada no morro
    Existe sem Orfeu e a sua viola!
    Cada homem no morro e sua mulher
    Vivem só porque Orfeu os faz viver
    Com sua música! Eu sou a harmonia
    E a paz, e o castigo! Eu sou Orfeu
    O músico!
A Dama Negra:
                 Orfeu, eu sou a Paz.
    Não sou de briga, Orfeu...
Orfeu:
                       Orfeu é forte!
    Vá embora, senhora Dama!
A Dama Negra:
                     Não.
    Alguém chamou. Aqui esperarei.

Orfeu:
    Orfeu é muito forte! Orfeu é rei!
    Vá embora, senhora!

> *Põe-se a tocar furiosamente em seu violão, em ritmos e batidas violentos. Os sons, à medida que se avolumam, vão criando uma impressão formidável de magia negra, de macumba, de bruxedo.*

E vá dançando!

> *A Dama Negra, ao ritmo que se desenvolve cada vez mais rapidamente, põe-se a dançar passos de macumba, a princípio lenta, depois vertiginosamente, na progressão da música.*

Dança, senhora Dama! Dança! Dança!

> *O movimento segue assim, num crescendo infinito, até que, exausto, Orfeu para, com macabro e demoníaco som do violão. A cena escurece totalmente. Quando clareia, vê-se Eurídice no mesmo lugar onde se achava a Dama Negra, também com um ramo de rosas na mão.*

Eurídice:
    Orfeu! Querido! Que é que aconteceu?
Orfeu (*olha-a como se não a reconhecesse*):
    Eurídice? Que sonho tive eu
    Minha Eurídice!
Eurídice (*corre até ele*):
                    Tado do meu neguinho!
    Eu demorei demais. Também mamãe
    Não queria que eu viesse, deu conselho:
    Menina, toma tento! espera um pouco
    Sossega com esse fogo, se resguarda
    Patati-patatá. E eu conversando
    Ela, dizendo que era só um instante
    Que eu só queria te dizer boa-noite.

Desculpa, meu amor...
Orfeu:
                      Minha adorada
Perto de ti não penso mais em nada
Foi um sonho, passou...
Eurídice:
                      Fez algum samba?
Orfeu:
    Fiz dois.
Eurídice:
                Fez algum para mim, Orfeu?
Orfeu:
    Tudo o que sai do violão é teu
    Mulher...
Eurídice:
    Que mais aconteceu?
Orfeu:
    Nada. Mira veio me ver. Me provocou
    Quase dou-lhe na cara uma pregada.
Eurídice (*rindo*):
    Bobo! Brigando à toa! Ciumada...
Orfeu:
    É. Perdoa a bobagem...
Eurídice (*beijando-o*):
                Perdoada.

Orfeu prende-a num beijo e os dois amorosos se enlaçam estreitamente, enquanto volta o vento e com o vento os sons misteriosos da noite. Mas eles nada percebem, entregues à força da sua paixão.

Orfeu:
    Mulher, não me maltrata assim, malvada
    Não me maltrata assim...
Eurídice (*abandonada*):
                Neguinho

Neguinho meu!
Orfeu:
               Ô que paixão danada!
Ô que paixão ruim!

               Enlaça-a pela cintura.

        Minha adorada
Por quê?
Eurídice:
Meu bem...
Orfeu:
          Por quê? Por quê?
Eurídice:
Quer a sua morena tanto assim?
Orfeu (*a voz estrangulada*):
Não é nem mais querer... é coisa ruim
É morte!
Eurídice (*pensativa*):
            Morte? Morrer... E se eu morresse?
Você ia sentir muito? Ou ficava
Quem sabe, até bastante aliviado?
Orfeu (*num soluço*):
Cala a boca, querida! Se eu
Te perdesse eu iria te buscar
Fosse no Inferno, tanto que te quero!
Eurídice:
Acaso pensa que eu também não quero?
Orfeu:
E então, por quê, meu bem?
Eurídice:
              Você me quer?
Orfeu:
Nada no mundo eu quero mais, mulher
Amor de minha vida...

Eurídice (brincalhona):
                    Mas depois
    Não vai cansar de mim?
Orfeu:
    Depois, vai ser só um — nunca mais dois:
    Eurídice e Orfeu.
Eurídice:
                    Querido, escuta...
    Mas onde?
Orfeu:
                    No barracão de Orfeu.
    Na cama que Orfeu tinha preparado
    Para a mulher que Deus lhe deu.
Eurídice:
                            E os outros
    E sua mãe, seu pai?
Orfeu:
                    Tudo arrumado.
    Tenho lá meu quartinho separado.
    A cama é um pouco dura, sonho meu...
Eurídice:
    Hoje Eurídice é cama para Orfeu.

> *Beijam-se de novo, ternamente, e entram juntos no barraco.*
> *À sua entrada a noite se faz imensamente*
> *clara e pássaros noturnos chilreiam invisíveis,*
> *enquanto melodias parecem vir da voz do*
> *vento. Mas logo surge de trás de um dos barracos o vulto*
> *de um negro alto e esguio, que se esgueira sorrateiramente*
> *e se vem plantar, num gesto dramático, em frente*
> *à casa dos dois amantes. Coincidindo com o seu gesto,*
> *e com uma nova música, patética, que vem dos ruídos*
> *da noite, a Dama Negra surge da sombra.*

Aristeu (a voz soluçante):
    Eurídice!

A Dama Negra:
>Eurídice morreu.

Aristeu:
Quem falou? Quem falou?

A Dama Negra:
>Eu, Aristeu!
A Dama Negra, Aristeu...

Aristeu (*num grito selvagem*):
>Eurídice!

A Dama Negra:
Tarde vieste, Aristeu. A tua Eurídice
A tua Eurídice morreu! Naquela casa
Entre os braços do homem que a perdeu
Entre os braços de Orfeu, a tua Eurídice
A tua Eurídice morreu, Aristeu!

Aristeu:
>Não, não morreu!
Está viva! Morrerá do braço meu!
Quero o seu sangue!

A Dama Negra:
>Ela morreu, Aristeu!
Dentro daquela casa, a tua Eurídice
Tudo o que tinha deu a seu Orfeu
Aristeu!

Aristeu:
>Cala-te! Ela ainda não morreu!
Está viva, eu é que vou matar, sou eu!
Ou minha ou de ninguém!

A Dama Negra:
>Qual, Aristeu...
Tudo o que a tua Eurídice guardava
Já entregou a Orfeu.

>*Aristeu, como um louco, investe para a casa, brandindo os punhos. Nesse momento ouvem-se as vozes confusas dos dois amantes e ambos, Aristeu e a Dama Negra, recolhem-se*

> *furtivamente à sombra. A porta se entreabre para deixar passar*
> *Eurídice. Orfeu surge, a meio-corpo, apenas, entre os umbrais.*
> *Beijam-se demoradamente.*

Eurídice:
  Boa noite, meu amor.
Orfeu:
                    Boa noite, amiga.
Eurídice:
  Como o corpo meu que foi teu, também
  Meu pensamento está contigo!
Orfeu:
                              Doce bem...
  Pensa em mim, pensa bastante em mim!
Eurídice (*beijando-o*):
                                        Meu
  Homem! Meu adorado!
Orfeu:
                  Todo teu
  Todo teu, todo teu, o corpo, a alma
  E a música de Orfeu!
Eurídice:
                    Ah, que saudade!
Orfeu:
  Nem me fales, mulher, (*beija-a*) amor de Orfeu!
Eurídice:
  Dor mais gostosa só morrer no céu...
  Meu homem!
Orfeu:
          Meu amor!
Eurídice:
  Meu doce Orfeu!
  Boa noite, preciso ir...
Orfeu:
                    Leva contigo
  O meu amor...

Eurídice:
>Contigo fica o sangue
>Do meu amor: amor, adeus...

Orfeu:
>Vai em paz, meu amor, toma cuidado
>Pelo caminho! (*olha a noite*) A lua foi amiga
>Não foi, amiga?

Eurídice (*beijando-o*):
>>Foi, amigo. Adeus!

Orfeu (*beija-a*):
>Adeus!

>*Entra. Ao voltar-se Eurídice, Aristeu, surgindo do escuro, um punhal na mão, mata-a espetacularmente. Eurídice cai.*

Eurídice (*ao morrer*):
>Adeus.

Aristeu (*fugindo embuçado*):
>Adeus, mulher de Orfeu!

>*A cena vai escurecendo lentamente, enquanto a Dama Negra surge do canto onde se ocultara. Tudo é silêncio. Com um gesto largo a Dama Negra tira o grande manto que a veste e cobre com ele o corpo de Eurídice morta enquanto cai o pano.*

SEGUNDO ATO

CENA

No interior do clube Os Maiorais do Inferno, num fim de baile de terça-feira gorda. Cenário e ambiente característicos do nome, com grande margem para a sugestão de um balé, sem prejuízo, no entanto, do equilíbrio clássico que deve ser mantido no decorrer da ação. Pares e indivíduos isolados dançam pelo salão sem música, entre as sombras rubro-negras de refletores a insinuar a presença do fogo. Todas as figuras secundárias, homens e mulheres, vestem-se com o uniforme da sociedade carnavalesca, sendo que no caso destas últimas a indumentária faz lembrar vivamente Eurídice. Como nas orgias gregas, os homens perseguem as damas, que aceitam e refugam, ao sabor do movimento. Bebe-se fartamente, com unção, na boca das garrafas. Num trono diabólico, ao fundo, sentam-se Plutão e Prosérpina, com uma corte de mulheres à volta. Esse casal mefistofélico deve se caracterizar pelo tamanho e gordura, gente gigantesca, risonha, desperdiçada, a aproximar comparsas solitários, a gritar, a beber, insinuando, criando a festa.

Plutão (*às gargalhadas, em tom altíssimo sugerindo o samba negro*): Aproveita, minha gente, que amanhã não tem mais! Hoje é o último dia! Aproveitem, meus filhos, que amanhã é Cinzas! Não quero ninguém triste, não quero ninguém sozinho, não quero ninguém a seco! Encham a cara que a morte é certa! Amanhã é Cinzas, hoje é a alegria, o último dia da alegria! Afinal de contas, quem é que manda aqui?

Prosérpina (vivando):
 É o rei, é o rei!
Todos (em coro):
 É o rei, é o rei!
Plutão:
 Quem dá bebida dá alegria dá samba dá orgia?
Todos (marcando o compasso):
 É o rei, é o rei!
Plutão (erguendo-se em toda a estatura):
 Quem é o rei?
Todos (aplaudindo vivamente):
 É O REI! É O REI!

Dispersam-se como doidos, a marcar o tempo com palmas e sapateados, enquanto dançam ao sabor da frase, sempre repetida: "É o rei, é o rei!". Plutão e Prosérpina riem-se de morrer. A seus pés as mulheres riem-se também, a se rolar sensualmente.

Plutão (no mesmo tom agudo):
 Triste de quem não quer brincar, que fica a labutar ou a pensar o dia inteiro! Triste de quem leva a vida a sério, acaba num cemitério, trabalhando de coveiro!
Todos (em coro, marcando o compasso):
 Acaba num cemitério, trabalhando de coveiro!
Prosérpina (bêbada, erguendo-se):
 E viva a orgia! É o reinado da folia! É hoje o último dia! E viva!
Todos:
 E viva!
Plutão:
 Quem é que marca o tempo, meus filhos?
Todos:
 É o bumbo!

Ouve-se o som monstruosamente ampliado de um bumbo.

Plutão:
Quem é que marca o ritmo?
Todos:
É o tamborim!

> *O mesmo, com um tamborim.*

Plutão:
Quem é que marca a cadência?
Todos:
É o pandeiro!

> *O mesmo, com um pandeiro.*

Plutão:
Quem é que faz a marcação?
Todos:
É a cuíca!

> *O mesmo, com uma cuíca.*

Plutão:
Quem é que anima a brincadeira?
Todos:
É o agogô!

> *O mesmo, com um agogô.*

Plutão:
Então, o que é que faz a batucada?
Todos:
É o bumbo é o tamborim é o pandeiro é a cuíca é o agogô!
Plutão:
Então como é como é como é? Sai ou não sai esse samba?

Ouve-se o apito. Depois o primeiro e em seguida o segundo e terceiro tamborins. Logo entra a cuíca, num crescendo.

Plutão (altíssimo, superando a marcação):
  É o samba ou não é?
Todos:
  É!
Plutão:
  É gostoso ou não é?
Todos:
  É!
Plutão:
  É do diabo ou não é?
Todos:
  É!

O som atinge proporções fabulosas, enquanto todo mundo se põe a dançar, batendo com os pés a marcação. Plutão e Prosérpina dançam também, sobre o estrado, entre as mulheres que rolam bêbadas. A cena conserva-se, assim, por um tempo razoavelmente grande. De repente insinua-se, a princípio longínquo, depois numa amplitude cada vez maior, a dominar a batucada, o som cristalino de um violão que plange. Uma após outra, todas as figuras vão se imobilizando nas posturas originais do samba, e o som do batuque decresce, à medida que o das cordas aumenta. Só Plutão se ergue, como atônito, e se inclina para ouvir. O instrumento corre escalas dulcíssimas, em trêmulos e glissandos que se aproximam mais e mais. De vez em quando, em meio à música, uma voz chama. É a voz de Orfeu.

A Voz de Orfeu (longuissimamente):
  Eurídice!

Cada vez que a voz chama, cria-se um silêncio provisório do violão. Esses chamados alternam-se com a expressão carinhosa da música, da qual participa frequentemente a frase musical correspondente ao nome da mulher amada. Em breve as mulheres apenas, não os homens, vão saindo do letargo em que se achavam e como desabrochando da imobilidade.

A Voz de Orfeu:
 Eurídice! Eurídice!

À medida que o nome vai sendo repetido, as mulheres renascem totalmente, dando lugar então a que se ouça um prenúncio de coro, coisa fragílima, espécie de sussurro ou frêmito vocal, como uma crepitação de vento, repetido dissonantemente pelas mulheres, em escalas sucessivas, até desaparecer, de tão tênue. Esse eco coral desdobra o patético do nome que a voz de Orfeu trouxe de longe.

A Voz de Orfeu:
 Eurídice!
Coro das Mulheres:
 Eurídice... rídice... ídice... dice... ice... ce... ce... eee...
A Voz de Orfeu (tristíssima):
 Eurídice...
Coro das Mulheres:
 Eurídice... rídice... ídice... dice... ce...
A Voz de Orfeu:
 Mulata...
Coro das Mulheres:
 Ai... ai... ai... ai... ai... ai... ai...
Plutão (erguendo-se arrebatadamente):
 Continua a festa! Continua a festa!

A essas palavras imperativas as mulheres se imobilizam, enquanto os homens começam a despertar. Insinua-se, em meio ao som do violão, o toque da batucada.

Plutão (*bradando*):
Alegria! É o reinado da alegria! Amanhã é Cinzas! Hoje é o último dia! E viva Morno! E viva a folia!...

PLANO DE CÉRBERO

Vê-se Orfeu que vem tocando seu violão, uma grande expressão de mágoa estampada no rosto. Ele busca Eurídice em meio à loucura do Carnaval. Dirige-se para o clube dos Maiorais do Inferno, onde se processa, infernalmente, a batucada. Mas, súbito, vê seu caminho barrado pelo Cérbero, o leão de chácara do clube, o grande cão de muitos braços e muitas cabeças, que investe contra ele ameaçadoramente, e só não o trucida porque Orfeu não para de tocar sua música divina, que o perturba. Quando o Cérbero avança, Orfeu recua, sempre tocando, e ante a música é o Cérbero que, por sua vez, recua, sem saber o que fazer. Pouco a pouco a música de Orfeu domina o Cérbero, que acaba por vir estirar-se a seus pés, apaziguado. A batucada prossegue em crescendo, dominando aos poucos os sons do violão. Assim permanece por alguns instantes. De repente, ouve-se um brado desesperado, um grito inarticulado, como de horror. Deve ser tão sobre-humanamente alto e súbito que o seu efeito seria o de traumatizar completamente a assistência.

Orfeu:
Eurídice!

Logo após esse grito aumentam os reflexos vermelhos do fogo, e em seguida faz-se a escuridão. Uma luz branca projeta-se sobre a porta de entrada, onde surge Orfeu, que para no limiar. Vem todo de branco, o violão a tiracolo. Ali se deixa extático, por um tempo suficientemente grande para que se realize no espaço o silêncio evocado por aquele monstruoso grito.

Ao soar seu violão, acendem-se as luzes e o músico ingressa na sala. Toca um choro triste, ao som do qual dançam as mulheres, somente elas, em passos lânguidos, isoladamente.
Orfeu passeia pela sala, e durante esse passeio as mulheres o requestam com os gestos de sua dança.

Plutão (pondo-se de pé, num brado):
Quem sois tu?
Orfeu (parando de tocar, enquanto se imobilizam as mulheres):
Eu sou Orfeu, o músico.
Plutão (brandindo o punho):
Em nome do Diabo, responde: quem sois tu?
Orfeu:
Eu sou a mágoa, eu sou a tristeza, eu sou a maior tristeza do mundo! Eu sou eu, eu sou Orfeu!
Plutão:
O que queres?
Prosérpina (atirando-se nos seus braços, bêbada, a buscar-lhe a atenção):
Ele quer é rosetar! Deixa ele, bem. Olha para mim!
Plutão:
Silêncio, mulher! Plutão está falando, Plutão, o Rei dos Infernos!
Não quero ouvir nem o voar de uma mosca! Silêncio! (*dirigindo-se a Orfeu*) O que queres?
Orfeu:
Eu quero a morte!
Plutão:
Para de fazer gracinha! Diz de uma vez: quem sois tu, e o que queres?
Orfeu:
Eu quero Eurídice!

A esse nome as mulheres recomeçam em sua dança lânguida, enquanto murmuram.

As Mulheres:
   Eu quero a vida, ninguém me dá vida, Carnaval acabou, a vida morreu, acabou-se a vida, a vida sou eu, a vida morreu...
Plutão:
   Em nome do Diabo, diz o que queres, homem!
Orfeu (*a voz grave e patética*):
   Eu quero Eurídice!
As Mulheres (*dançando*):
   Eu sou Eurídice. Eurídice sou eu. Quem foi que disse que eu não sou Eurídice? Quem foi que disse que eu não sou Eurídice? Quem foi que disse que eu não sou Eurídice?
Orfeu (*num gemido do violão*):
   Eurídice, querida. Vem comigo!

> *Estende os braços para as mulheres, como a solicitá-las. Elas vêm, deixando-se namorar, e desvencilham-se ao sabor do movimento.*

Plutão:
   Ninguém sai daqui sem ordem do rei! Pra fora, penetra! Maiorais do Inferno: ponham o penetra pra fora! Pra fora! Ninguém quer arigó aqui!

> *Os rumores da batucada começam novamente a se acender. Os homens se movimentam, aproximando-se em passos medidos, ameaçadores. Mas Orfeu domina-os com a magia de seu violão. O movimento estaca por completo.*

Orfeu:
   Não sou daqui, sou do morro. Sou o músico do morro. No morro sou conhecido — sou a vida do morro. Eurídice morreu. Desci à cidade para buscar Eurídice, a mulher do meu coração. Há muitos dias busco Eurídice. Todo mundo canta, todo mundo bebe: ninguém sabe onde Eurídice está. Eu quero Eurídice, a minha noiva morta, a que

morreu por amor de mim. Sem Eurídice não posso viver. Sem Eurídice não há Orfeu, não há música, não há nada. O morro parou, tudo se esqueceu. O que resta de vida é a esperança de Orfeu ver Eurídice, de ver Eurídice nem que seja pela última vez!

Plutão:
Pra fora! Aqui não tem Eurídice nenhuma. Tás querendo é me acabar com o baile, pilantra? Aqui mando eu! Pra fora, já disse!

Prosérpina (*caindo bêbada sobre ele*):
O cara tá é cheio. Deixa ele, bem, senão é capaz de sair estrago.
Vem cá, dá um beijinho.

Plutão:
Espera, mulher! Como é que pode? Como é que pode tocar a festa? Precisa pôr o homem na rua! Não tás vendo que o homem tá de malícia?

As Mulheres (*em coro*):
Eu sou Eurídice...

Orfeu (*movimenta-se de uma para outra*):
Vem comigo! Mulata, vem comigo! Sem você não há vida, não há música, não há nada. Vem comigo! Vem conversar comigo como dantes! Vem deitar na minha cama como dantes!

As Mulheres (*dançando*):
Quem foi que disse que eu não sou Eurídice? Quem foi que disse que eu não sou Eurídice?

Plutão (*a voz aguda*):
Ninguém sai daqui sem ordem do rei! Aqui é o rei quem manda! Toca a música! Onde está a música? Cadê o bumbo o tamborim a cuíca o pandeiro o agogô? Toca o apito! Começa o samba! Não acabou o Carnaval ainda não!

Prosérpina:
Não resolve... O homem tá de cara cheia. Deixa ele. (*ri histericamente*) Dor de cotovelo tá comendo solta! Dor de cotovelo tá comendo solta, minha gente!

Orfeu (estonteado):
   Onde estou eu? Quem sou eu? Que é que vim fazer aqui? Como é que foi? Isso é o Inferno e eu quero o Céu! Eu quero a minha Eurídice! a minha mulata linda, coberta de sangue... Eu quero a minha Eurídice, que brincava comigo, a minha mulata do dente branco...

As mulheres o rodeiam, dando-se as mãos. A batucada recomeça, baixinho, entre vozes e risadas perdidas. Estão todos bêbados, largados. Alguns homens correm, tontos, atrás de umas poucas mulheres que bailam à solta.

As Mulheres (acompanhando o bumbo e a cuíca em ritmo de marcha):
>   *Ciranda, cirandinha*
>   *Vamos todos cirandar*
>   *Já bateu a meia-noite*
>   *Carnaval vai acabar.*

Orfeu (os braços para o alto):
   Não, não morreu!
As Mulheres:
>   *Tinha uma, tinha duas*
>   *Tinha três, tinha um milhão*
>   *Tanta mulher não cabia*
>   *Dentro do seu coração.*

Orfeu:
   A minha Eurídice...
As Mulheres:
>   *Vamos, maninha, vamos*
>   *Na praia passear*
>   *Vamos ver o casamento*
>   *Ó maninha*
>   *Que acabou de celebrar.*

Orfeu:
   Eu e Eurídice...
As Mulheres:
>   *Vamos, maninha, vamos*

> *Na praia passear*
> *Vamos ver a noiva bela*
> *Ó maninha*
> *E a marcha nupcial.*

Orfeu:
> Aonde? Aonde?

> *Plutão e Prosérpina riem e se abraçam, já meio dormindo.*

As Mulheres:
> *O anel que tu me deste*
> *Era vidro e se quebrou...*

Orfeu (*que se pôs a beber de uma garrafa, exaltado*):
> Não! Era o maior amor do mundo! Era a vida, era a estrela, era o céu! Era o maior amor do mundo, maior que o céu, maior que a morte! Eurídice, querida, acorda e vem comigo...

As Mulheres:
> *Nessa rua, nessa rua tem um bosque*
> *Que se chama, que se chama solidão...*

Orfeu (*clamando*):
> Eurídice, vem comigo!

> *As libações continuam, gerais. Vários casais já dormem pelo chão. Alguns ainda dançam sambas caprichados, sem música. Um casal de malandros dança um em frente ao outro, jogando capoeira.*

As Mulheres (*pegando-se pelas mãos, e fazendo-se trocar os lugares, a cada linha. Os dois malandros continuam a capoeira*):
> *Os escravos d e Jó*
> *Gostavam de brigar*
> *Vira, mata, pega o zamberê*
> *Que dá!*
> *Guerreiro com guerreiro*
> *Zip-zip-zip-zá!* } bis

Orfeu corre de uma mulher para outra, tentando separá-las. Mas o movimento sempre o repele. Ele bebe avidamente. Por aí então já todos dormem, com exceção das mulheres que cantam e dos dois malandros que dançam a capoeira, um em frente ao outro, à direita.

Orfeu (*brandindo a garrafa*):
Eu sou o escravo da morte! Eu sou aquele que procura a morte! A morte é Eurídice! Vem comigo, morte...

Requesta as mulheres, mas estas se desvencilham. Orfeu pega o violão e dedilha. Por um momento os sons dulcíssimos dominam tudo e o movimento cessa totalmente, até que as mulheres, fascinadas, começam a seguir Orfeu em passadas lânguidas, medidas, enquanto o músico se afasta de costas, em direção à porta de saída. Mas quase no momento de sair, incutem, entre os acordes do violão, os ritmos pesados, soturnos, da batucada. Os dois sons coincidem por alguns instantes, enquanto as mulheres, indecisas, fluem e refluem ao sabor dos dois ritmos.

Orfeu (*para as mulheres, apontando-as*):
Vem, Eurídice. Eu te encontrei. Eurídice é você, é você, é você! Tudo é Eurídice. Todas as mulheres são Eurídice. Quem é que quer mulher morta? Eu não quero mulher morta! Eu quero Eurídice, viva como na noite do nosso amor. Vem, minha vida.

A aurora raia, pouco a pouco, entre as sombras rubras. Orfeu, voltado para fora, exclama.

Orfeu:
É a madrugada, Eurídice. Lembra, querida, quantas madrugadas eu vi nascer no morro ao lado teu? Lembra, Eurídice, dos passarinhos que vinham aceitar o desafio do violão de Orfeu? Lembra do sol raiando sobre o nosso amor? (*ergue os braços para a aurora*) Eurídice, tu és a madrugada!

A noite passou, a escuridão passou. Espera, minha Eurídice! Eu vou, me espera...

Vai saindo, tocando o seu violão, entre os acordes da batucada em pianíssimo. As mulheres correm atrás dele, mas o ritmo presente as prende mais. A cada movimento para a frente respondem com um refluxo geral, lânguido, dentro do tempo do samba.

Orfeu (*bem longe*):
  É a madrugada, Eurídice...
As Mulheres (*em coro, dançando, cantam sem palavras, com sons em surdina que aumentam como violinos*):
  Hum... m... m... m...

A cena se conserva assim, as mulheres dançando languidamente, os dois malandros lutando capoeira, à direita da sala, que se faz mais e mais clara. Ouve-se sempre a voz de Orfeu e seu violão, muito longe, em meio ao toque em pianíssimo da batucada.
Depois cai lentamente o pano.

TERCEIRO ATO

CENA

> *A mesma do primeiro ato. Crepúsculo.*
> *Em frente ao barracão de Orfeu veem-se agrupamentos de*
> *pessoas que conversam* ad lib, *em tom grave, atentas aos acessos*
> *de choro e, por vezes, gritos animais de dor que provêm de Clio*
> *no interior da casa.*
> *Entra o Coro.*

CORO

Primeira Voz:
  Ai, Orfeu...
Segunda Voz:
            Pobre Orfeu...
Terceira Voz:
                    Orfeu tão puro...
Quarta Voz:
  Tão puro que de amor enlouqueceu...
Quinta Voz:
  Creio em Orfeu...
Sexta Voz:
                Criador de melodia...
Primeira Voz:
                        Orfeu, filho de Apolo...
Segunda Voz:
  Nosso Orfeu!

Terceira Voz:
>Nasceu de Clio...

Quarta Voz:
>E muito padeceu

Sob o poder maior da poesia...
Quinta Voz:
E foi pela paixão crucificado...
Sexta Voz:
E ficou louco e abandonado...
Coro (*em uníssono*):
Desceu às trevas, e das grandes trevas ressurgiu à luz, e subiu ao morro onde está vagando como alma penada procurando Eurídice...
Clio (*possessa*):
Ah, maldita! maldita! Que fizeste
Com o meu filho?...
Apolo (*aflito, de dentro*):
>Sossega, coração.

Tem calma, Clio, pelo amor de Deus...
Olha os vizinhos, minha nega.
Clio (*aos berros*):
>Vaca!

Prostituta! Cadela! Vagabunda!
Nasce de novo que é pra eu te comer
Os olhos! Sem-vergonha! Descarada!
Nasce de novo, nasce!
Apolo:
>Minha filha

Minha filha, tem calma...
Clio (*em prantos*):
>Vai embora!

Sai de perto de mim! Quero o meu filho!
Onde está meu Orfeu?
Apolo:
>Está por aí

Quietinho que parece uma criança.
A doideira de Orfeu, mulher, é mansa...

Ouve-se um estertor de Clio.

Clio:
Não, é mentira! Doido o meu Orfeu?
Ah, Deus do céu! Me leva bem depressa
Que é pra eu encontrar aquela negra
Que endoideceu o meu Orfeu! Me leva
Deus... (*muda de tom*) Não, não quero mais saber de Deus!
Que Deus é esse que apagou assim
O espírito de Orfeu? Não quero Deus!
Deus de mentira, Deus de inveja, Deus...

Uma crise de pranto a interrompe.

Um Homem (fora):
Credo! Que horror!
Uma Mulher (benzendo-se):
               Virgem Nossa Senhora!
Pobre dessa mulher!
Uma Segunda Mulher:
              Alguém devia
Fazer alguma coisa...
Uma Terceira Mulher:
             É, é preciso
Chamar um médico...
Um Segundo Homem:
             É? Tem cada uma...
Médico, aqui no morro...

Dirige-se em tom zombeteiro a um outro homem.

        Eh, você...
Pega no Cadillac e chama o médico.

O Outro Homem (sério):
    Acho-te uma gracinha...
O Segundo Homem:
                    Uai, por quê?
    Foi a mulher que mandou...
A Mulher:
                    Deus me defenda!
    Nem se respeita mais a dor alheia.
    Quando Orfeu tava bom não era assim
    Esse morro era feliz.
Um Velho (balançando a cabeça):
                    Ah, isso era!
    Com Orfeu esse morro era outra coisa.
    Havia paz. A música de Orfeu
    Tinha um poder a bem dizer divino...
Um Outro Velho:
    É mesmo. E endoideceu. Pobre menino...

> *Dentro do barracão recrudesce o choro de Clio.*
> *Do lance de degraus, surgem algumas mulheres*
> *com latas d'água na cabeça,*
> *que se misturam aos circunstantes*
> *a comentar a cena* ad lib.
> *Apolo surge à porta.*

Apolo:
    Não sei mais o que faça. São três dias
    Desse martírio... Minha pobre velha!
    Assim ela endoidece igual ao filho...
Clio (de dentro):
    Ah, quem me traz o meu Orfeu de volta
    Ah, quem me traz...
Apolo:
                    Meu Deus, que coisa horrível!
    Por que é que nesse mundo não tem paz?
    Por que tanta paixão?

Clio (*chorando*):
>Não posso mais!
Me matem, por favor ...
Apolo (*aos circunstantes*):
>Vocês aí...
Por favor, minha gente... — qualquer coisa...
Pela estima que tinham ao meu Orfeu
Me façam qualquer coisa...

>*Entra enxugando lágrimas.*
>*Comentários* ad lib.

Uma Mulher:
>Que tragédia!
Nem eu não posso mais. Isso há três dias!
Essa mulher não aguenta. É necessário
Que vá alguém lá embaixo ver se traz
Um socorro qualquer...
Um Homem:
>Uma ambulância!
Tem o posto da praça. Eu dou um pulo.
Uma Velha:
Vai depressa, meu filho. E Deus te guie.

>*O homem desce correndo. Por um momento faz-se um grande*
>*silêncio no grupo.*

Uma Mulher:
E Orfeu, onde andará?
Uma Outra Mulher:
>Anda vagando.
Passa os dias doidando pelo morro...
Meu filho ainda outro dia topou ele
Diz que é impressionante. Ocês conhecem
Meu garoto, não é? Não é medroso.
Pois bem: voltou tão impressionado

Que foi preciso fazer reza nele
Pra passar...

Faz-se um círculo à sua volta. Comentários ad lib.

Uma Terceira Mulher:
                Ih, menina!
Uma Quarta Mulher:
                    Como foi?
A Primeira Mulher:
    Foi assim: meu garoto vinha vindo
    Da banca de engraxate (vocês sabem
    Como ele, de levado, sobe o morro
    Lá pela ribanceira...). Muito bem.
    Vinha assim vindo. Estava escurecendo
    Quando ele entrou na mata. De repente
    Vê uma aparição! Esfrega os olhos:
    Não, era Orfeu! Orfeu todo de branco
    Como anda sempre, violão no peito
    Braços abertos, boca com um sorriso
    Como esperando alguém, alguém que veio
    Porque ele olha pro lado de repente
    Abre os braços assim e sai correndo
    Vai embora. Meu filho segue ele
    Mas Orfeu se escondeu quem sabe onde...
    Pobrezinho. Tal qual alma penada...
    Talvez pior, que está penando em vida!

Comentários ad lib.

A Segunda Mulher:
    E nunca mais ninguém ouviu um som
    Sair do violão...
A Terceira Mulher:
                  É. Não tá certo.
    Desandou tudo nesse morro. Tudo.

Quanta briga, meu Deus, que tem saído
Quanta gente mudando pra outros morros
Foi mau-olhado, foi...
A Quarta Mulher:
                        Cala essa boca!
Não chama mais desgraça, criatura
Eu por mim vou-me embora. Aqui não fico.

                                  Comentários ad lib.

A Primeira Mulher:
    E Mira, ocê já viu? Tá doida, Mira...
    Doida varrida, Mira... Diz que fica
    Lá na Tendinha, Mira e mais aquelas
    Outras rameiras que tem lá por cima
    Fazendo toda a sorte de estrupício
    Dizendo cada nome e enchendo a cara
    Fazendo bruxaria noite adentro
    E falando que foi por causa dela
    Que Aristeu, o criador de abelhas
    Esfaqueou Eurídice, e que Orfeu
    Está maluco assim por causa dela
    Não por causa de Eurídice... Ora veja!
    Ninguém não quer passar mais lá por perto...
    E com toda a razão. Eh, mundo louco!
Um Homem:
    E lembrar desse morro há uma semana...
    Nem parecia um morro da cidade!
    Uma calma, um prazer, uma harmonia
    Quanto samba de Orfeu de boca em boca
    Quanta festa com Orfeu sempre presente
    Quanta falta de briga...

                                  Comentários ad lib.

Um Outro Homem:
>Eu que o diga!...
Foi Orfeu quem mudou a minha vida
Devo o que sou a ele. Antigamente
Era só valentia, briga à toa
Té que ele veio e conversou comigo.
Orfeu não era um homem, era um anjo...
Agora digam: vale a pena?... Qual!
Mulher é perdição...

Uma Outra Mulher:
E não faltava nada pra ninguém.
Qualquer necessidade, não sei como
Orfeu sabia e logo aparecia
Um dinheirinho — tudo samba dele...
Uma tristeza em casa? uma quizília?
Ele vinha, mexia, se virava
Sapecava um sambinha de improviso
Brincava... Um anjo! Tinha pés de santo...

>*Uma mulher põe-se a chorar e sai correndo da cena.*

A Segunda Mulher:
Tadinha. Era tarada por Orfeu.
Foi namorada dele antes de Eurídice
Nunca mais esqueceu...

>*Ouve-se distante a sirene de uma ambulância que pouco depois cessa. Logo em seguida entram os ruídos longínquos de um batuque batido sobre caixas e latas. Esses ruídos devem se aproximar progressivamente durante as cenas que seguem.*

A Primeira Mulher:
É a ambulância!

>*Corre ao barracão e grita da porta.*

Eh, seu Apolo. Eu acho que é a ambulância...
Apolo (aparecendo à porta):
Coitada. Tá que é um trapo. Mas não dorme.
Chora sempre correndo do olho aberto
A mão no coração.
A Primeira Mulher:
Avisa ela
Que é pra depois não dar alteração...
Apolo:
Obrigado.

Entra.
O som do batuque que sobe faz-se cada vez mais próximo.
Surge, esfalfado, o homem que desceu para chamar a
ambulância, acompanhado de um outro.
Trazem com eles uma maca.

O Homem:
Tá pronto, minha gente!
Trouxe a maca. A ambulância está embaixo
Que caras mais folgados... Adivinha
O que disse o doutor?... "Vocês são fortes
Subam e tragam a mulher que eu espero embaixo
E depressa que eu tenho um caso urgente
Me esperando..."
Um Outro Homem:
Essa sopa vai acabar...

Ouve-se dentro do barracão um grito desesperado de Clio.

Clio:
Não! Eu não quero ir! Me deixem em paz!
Eu quero o meu Orfeu! Cadê meu filho?
Onde está ele? Apolo, eu quero ele!
Apolo:
Tá bem, minha filha. Fica sossegada.

Foi Orfeu quem mandou buscar você
Tá te esperando. Vem.
Clio:
                        Mentira tua!
Isso é mentira tua! Ah, Deus do céu
Por que sofrer assim?
Apolo (*surgindo à porta*):
                      Vocês aí...
Me ajudem por favor...

Dois homens adiantam-se e entram no barracão. Ouvem-se de início murmúrios, depois berros seguidos de ruídos de luta e coisas quebradas. Em seguida Clio surge à porta esfrangalhada. Seu aspecto é terrível.

Clio:
                Por caridade!
Não me levem daqui! Ah, não me levem
De junto de meu filho. Eu quero ele
Doido mesmo, é meu filho, é meu Orfeu
Por caridade, vão buscar meu filho
Vocês sabem, Orfeu da Conceição
Sujeito grande, violão no peito
Tá sempre por aí... Vocês conhecem
É o meu Orfeu... Dizem que endoideceu
Mas é mentira, eu sei. Orfeu é músico
Sua música é vida. Sem Orfeu
Não há vida. Orfeu é a sentinela
Do morro, é a paz do morro, Orfeu. Sem ele
Não há paz, não há nada, só o que há
É uma mãe desgraçada, uma mãe triste
Com o coração em sangue. E tudo isso
Por causa de uma suja descarada
Uma negrinha que nem graça tinha
Uma mulher que não valia nada! (*subitamente possessa*)
Descarada! Ah, nasce de novo, nasce

>Pra eu te plantar as unhas nessa cara
>Pra eu te arrancar os olhos com esses dedos
>Pra eu te cobrir o corpo de facada! (*muda de repente de tom*)
>Não, ela não morreu! Meu Deus, não deixa!
>Eu quero ela pra mim, eu quero Eurídice
>Só um instantinho eu quero ela pra mim!
>Eu juro que depois fico boazinha
>Prometo, Deus do céu! Não quero nada
>Só quero que me levem à cova dela
>Que é pra eu cavar dentro daquela terra
>Desenterrar o corpo da rameira
>Ver ela podre, toda desmanchada
>Cheia de bicho...

Apolo (*corre para ela*):
>Chega, Clio! Chega!

Clio (*sacudindo-o longe*):
>Ah, chega! Ah, chega! Até você, Apolo
>Defendendo a rameira...

Voa contra ele tentando agatanhá-lo. Vários homens correm em socorro de Apolo e dominam Clio. Ela luta furiosamente até que, exausta, se abate.

Apolo:
>Pronto. Agora
>Ponham ela na maca. E vamo' embora.

Nesse momento entra em cena o pessoal do batuque, cujo ritmo deve vir se aproximando ao longo das cenas anteriores. É um grupo de meninos engraxates, e batem com as escovas em suas caixas e latas. Não dão muita atenção ao que se passa e vão se acomodar a um canto, sem parar de bater, enquanto os circunstantes arrumam Clio na maca.

Um Menino (*cantando*):
>*Paz, muita paz!*

>   *Paz, muita paz!*
>   *Que falta nesse mundo que ela faz, rapaz...*

Segundo Menino (que parece o chefe do bando):
>   Não, essa não. Vamos cantar aquela
>   Outra de Orfeu, aquela que ele deu
>   Pra mim...

Terceiro Menino:
>   Você enche com esse teu sambinha...

Segundo Menino:
>   Tás aí pra isso, tás? Vá! Taca peito.

> *O batuque entra, os meninos batendo nas caixas, enquanto o outro grupo começa a se movimentar, acompanhando a maca que transporta Clio.*
> *Ao mesmo tempo se inicia em voz baixa, que à medida vai crescendo, uma salve-rainha rezada pelas mulheres.*
> *Aos poucos, com a progressão da reza, as pessoas que restam começam a se ajoelhar, enquanto a oração prossegue em meio ao batuque e às imprecações distantes de Clio.*
> *Os meninos cantam "Eu e o meu amor".*

Os Meninos:

>   *Eu e o meu amor*
>   *E o meu amor*

>   *Que foi-se embora*
>   *Me deixando tanta dor*
>   *Tanta tristeza*
>   *No meu pobre coração*
>   *Que até jurou*
>   *Não me deixar*
>   *E foi-se embora*
>   *Para nunca mais voltar...*
>   *Lá-rá-rá-rá-lá*   ⎫
>   *Lá-rá-ri-lá-rá-rá-rá* ⎬ *bis*

Repetem o samba cada vez mais com mais gosto, ao sabor do batuque. A reza prossegue, enquanto alguns homens e mulheres remanescentes saem com ar triste.
De longe chegam gritos bêbados de mulheres, gargalhadas perdidas, ecos melancólicos de uma orgia a se processar em algum lugar no morro. A noite cai rapidamente.
Ao se acenderem as luzes da cidade ao longe, a cena escurece, surgindo logo após o plano da Tendinha.

PLANO DA TENDINHA

Um pequeno bosque no alto do morro, de árvores esparsas, solitárias. Noite de lua cheia. Um barracão com uma tabuleta: "Tendinha". Ruído de conversas e gargalhadas de homens e mulheres no interior, com trechos ocasionais do samba anterior cantados agudamente. Algumas mulheres bêbadas saem para o terreiro em frente, entre as quais Mira.

Mira (trocando as pernas, subitamente explode):
Para esse samba, para esse negócio
Senão eu corto os cornos dum!

O samba, no interior da Tendinha, continua, Mira põe as mãos nos ouvidos e de repente investe, porta adentro, e faz parar o samba, em meio à agitação geral.

Uma Mulher (bêbada):
Que folga!
Que é que tu tás pensando aí, hein, Mira?
Manera, Mira... (*aos circunstantes*) Vamos com esse samba
Pessoal! Tem umas caras que não quer
Mas tem outras que quer... Então, que é isso?
Quem é que manda aqui: é homem ou Mira?

Mira:
    Vai-te, tu sabes muito bem pra onde...
    Põe banca não, perua, que eu te manjo...
    Tu não dás nem pra saída.
A Mulher (*desdenhosa*):
    Tirei de letra... Vai encher outro, Mira...
    Se tu fosses mulher como eu, Orfeu
    Não te largava igual que te largou
    Pior que um pano de cozinha. (*ri histérica*) Eu, não!
    Orfeu ficou comigo uma semana:
    Eu, a bacana!
Mira (*as mãos nos quadris*):
              Tu? Muito bacana...
    Bacana como casca de banana...
    Bacana como fundo de bueiro...
    Bacana como a sola do meu pé...
    Assim é que tu é: muito bacana!
A Mulher (*ameaçadora*):
    Te guenta, Mira...
Mira (*fazendo dois passos para ela*):
    Guenta você, mulher!

> *Investe sobre ela e as duas se atracam. Logo acorrem homens e mulheres da Tendinha, que as separam.*

A Mulher (*debatendo-se*):
    Deixa essa cara vir, deixa ela vir...
    Vem, Mira! Pode vir!
Mira (*soltando-se dos que a seguram*):
              Dá até pra rir...

> *Os circunstantes carregam a mulher e algumas companheiras de Mira cercam-na. Dentro em pouco, o ambiente dentro da Tendinha parece se ter restabelecido e logo se ouve um novo samba, seguido de cantos e gargalhadas gerais.*

Todos (*em coro cantam "Lamento do morro"*):
>*Não posso esquecer*
>*O teu olhar*
>*Longe dos olhos meus...*
>*Ai, o meu viver*
>*É te esperar*
>*Pra te dizer adeus...*
>*Mulher amada!*
>*Destino meu!*
>*É madrugada*
>*Sereno dos meus olhos já correu...*

Uma Mulher:
   Deixa isso pra lá, Mira...
Mira:
>É. Não tem nada...

Eu quero é encher a cara!
Outra Mulher:
>Tou nessa, hein, Mira...

O Homem:
   Com'é, Mira? Eles tão te reclamando...
   Seja legal e vem fazer as pazes...
   Vamos beber e cantar samba, Mira
   Que a morte é certa...
Mira (*subitamente grave*):
>É mesmo. A morte é certa...

É a única coisa certa nesse mundo.

>*Volta-se e subitamente corre para a Tendinha, seguida das outras. Em breve, os ruídos, as conversas, as exclamações indicam que as duas mulheres fizeram as pazes e o ambiente de farra se retomou.*
>*Logo depois, alguém começa a tocar um chorinho macio ao cavaquinho. Ato contínuo, entra em cena Orfeu. Vem cauteloso, por entre as árvores, olhando para o alto com um ar perdido.*
>*Traz o violão consigo.*

Orfeu (*a voz surda, como a pedir silêncio*):
　　Ainda é cedo demais, amiga. A lua
　　Está dando de mamar pras estrelinhas...
　　Toma o teu tempo. Quando for a hora
　　Desce do céu, amor, toda de branco
　　Como a lua. O mundo é todo leite
　　Leite da lua, e a lua és tu, Eurídice...
　　Chega de leve pelo espaço; desce
　　Por um fio de luz da lua cheia
　　Vem, ilusão serena, coisa mansa
　　Vem com teus braços abraçar o mundo
　　O mundo que sou eu, que não sou nada
　　Sem Eurídice... Vem. Baixa de manso
　　Surge, desponta, desencanta, explode
　　Como uma flor-da-noite, minha amada...
　　Aqui ninguém nos vê. Esses que gritam
　　Não veem, não sabem ver. São todos cegos.
　　Cego só não sou eu que te respiro
　　Em cada aroma e te sinto em cada aragem
　　Cego só não sou eu que te descubro
　　Em cada coisa e te ouço em cada ruído
　　Cego só não sou eu que te recebo
　　Do mais fundo da noite, ó minha amiga
　　Minha amiga sem fim! quanto silêncio
　　Nos teus passos noturnos desfolhando
　　Estrelas! que milagre de poesia
　　Em tua ausência só minha! quanta música
　　Nesse teu longo despertar na treva!
　　Ah, deixa-me gozar toda a beleza
　　Do momento anterior à tua vinda...
　　Espera ainda, espera, que o segredo
　　O segredo de tudo está no instante
　　Que te precede quando vens. Escuta
　　Amada... Onde é que estás que não te vejo
　　Ainda? e sinto já na noite alta
　　O tato de teus seios? Onde pousas

Anjo fiel, com tuas asas brancas
A fremir sobre as copas? Ah, sim, te vejo
Agora... Está ali... Por que tão triste
Minha Eurídice? Quem magoou a minha Eurídice?
Não, não fiques assim... Por que não falas?
Meu amor, me responde! Minha Eurídice
Banhada em sangue?! Não!

*Nesse momento chega um homem à porta da Tendinha e logo
depois aparece Mira.
Vem muito bêbada e meio descomposta.
Um grupo de mulheres no mesmo estado a acompanha, assim
como uns poucos homens; mas estes, à vista de Orfeu,
retraem-se com respeito.*

Mira (*alto, mostrando Orfeu*):
        É este o cara
 De quem tavam falando?
Um Homem:
        Deixa ele
Mira...

*Mira desvencilha-se dele com um sacolejão.
Em vista disso o homem dá de ombros, faz um sinal aos outros e
vão saindo todos devagar.*

Um Segundo Homem:
 Bom, minha gente, vam'a vida. É hora
 De pegar uma boa berçolina.
 Vam'bora, pessoal...
Um Terceiro Homem:
       Vam'embora, Mira.
 Deixa o homem em paz! (*saem*)
Mira:
        Deixa o homem em paz... Tá boa...
 Tá assim por minha causa... louco, louco...

Uma Mulher (em tom zombeteiro):
   Ah, é? Passa amanhã...
Uma Segunda Mulher (em tom mais zombeteiro ainda):
   É mesmo, Mira?

   As duas caem na gargalhada, logo acompanhadas pelas outras.
   À base dessas brincadeiras, as mulheres, bêbadas, dão-se trancas,
         dançam passos de samba e brincam de capoeira.
            Mas o ambiente é tenso e ameaçador.

Mira (furiosa):
   Ah, ninguém me acredita... Suas negras!
   Pois já vão ver...

         Chega-se a Orfeu e sacode-o brutalmente.
   O músico, que desde o início da cena não parecera dar pelas
            mulheres, sai do seu transe e olha Mira.
   A mulher sacode-o, depois num gesto arrebatado colhe-o pela
   cabeça e beija-o sobre a boca. Em meio a esse beijo, Orfeu,
   desperto, atira-a longe. Mira rola por cima das outras, e
                  algumas caem.

Orfeu (alucinado):
            Pra fora, suas cadelas!
   Pra fora, senão eu...

      Suspende o punho fechado ameaçadoramente, mas em meio ao
               gesto parece novamente perder-se.
         Olha para o alto, atônito, e depois chama baixinho.

Orfeu:
   Visão... Visão...

      As mulheres, como possessas, açuladas por Mira, atiram-se
   sobre ele, com facas e navalhas. Como um Laocoonte, Orfeu luta
   para desvencilhar-se da penca humana que o massacra. Depois,

conseguindo libertar-se por um momento, foge coberto de sangue, com as mulheres no seu encalço.

PLANO FINAL

O local do barracão de Orfeu. Tudo vazio. Luar intenso.

Orfeu (*chega correndo, coberto de sangue*):
   Eurídice! Eurídice! Eurídice! (*cai*)

A Dama Negra surge da sombra.

A Dama Negra (falando com a voz de Eurídice):
   Aqui estou, meu Orfeu. Mais um segundo
   E tu serás eternamente meu.
Orfeu (*prostrado*):
   Me leva, meu amor...

As mulheres entram correndo, esfarrapadas e cobertas de sangue, como fúrias. Ao verem Orfeu caído, precipitam-se sobre ele e cortam-no louca, selvagemente. Depois dessa carnificina, Mira levanta-se de entre as outras mulheres. Traz na mão o violão de Orfeu. Num ímpeto, arremessa-o longe, por cima da amurada. Ouve-se bater o instrumento, num som monstruoso. Mas logo depois uma música trêmula incute, misteriosa e incerta. Apavoradas, as mulheres fogem. A Dama Negra aproxima-se do corpo, envolve-o com seu longo manto, enquanto a música de Orfeu se afirma, límpida e pura. A figura da Dama Negra cobrindo o cadáver de Orfeu com seu manto pouco a pouco esvanece. Entra o Coro.

Coro:
   Juntaram-se a Mulher, a Morte, a Lua
   Para matar Orfeu, com tanta sorte

Que mataram Orfeu, a alma da rua
Orfeu, o generoso, Orfeu, o forte.
Porém as três não sabem de uma coisa:
Para matar Orfeu não basta a Morte.
Tudo morre que nasce e que viveu
Só não morre no mundo a voz de Orfeu.

CORTINA

Niterói, 1942
Los Angeles, 1948
Rio, 1953
Versão final para edição:
Paris, 19 de outubro de 1955

A primeira encenação desta peça deu-se no Teatro Municipal do Rio de Janeiro de 25 a 30 de setembro de 1956. Eis a ficha técnica do espetáculo:

UMA PRODUÇÃO DE VINICIUS DE MORAES
ORFEU DA CONCEIÇÃO
Tragédia carioca
DE VINICIUS DE MORAES
EM TRÊS ATOS
Direção LEO JUSI

Cenário OSCAR NIEMEYER
Figurinos LILA DE MORAES
Consultor plástico da produção CARLOS SCLIAR

Música ANTÔNIO CARLOS JOBIM
Coreografia LINA DE LUCA
Assistente de direção SANIN CHERQUES
Orquestra sinfônica sob a regência do maestro LEO PERACCHI
Violão LUIZ BONFÁ
Chefe do coro JOSÉ DELFINO FILHO (ZEZINHO)
Ao piano ANTÔNIO CARLOS JOBIM
Ritmistas sob a direção de JOÃO BAPTISTA STOCKLER (JUCA)

Elenco por ordem de entrada em cena

Corifeu

WALDIR MAIA

Coro
> CLEMENTINO LUIZ
> ADEMAR FERREIRA DA SILVA
> JONALDO FELIX
> LUIZ GONZAGA (Teatro Experimental do Negro)
> WALDEMAR CORREA (TEN)

Clio, a mãe de Orfeu
> ZENY PEREIRA

Apolo, o pai de Orfeu
> CIRO MONTEIRO

Orfeu da Conceição
> HAROLDO COSTA

Eurídice
> DAISY PAIVA

Mira de tal
> LEA GARCIA (TEN)

Aristeu
> ABDIAS DO NASCIMENTO (TEN)

A Dama Negra
> FRANSCISCA DE QUEIROZ

Plutão, presidente dos Maiorais do Inferno
> ADALBERTO SILVA

Prosérpina, sua rainha
> PÉROLA NEGRA

Corpo de baile dos Maiorais do Inferno
> MILKA (TEN)
> GLÓRIA MOREIRA
> CISNE BRANCO
> MALU (TEN)
> AMOA
> CÉLIA ROSANA
> ILZETE SANTOS
> NILCE DE CASTRO

Passistas dos Maiorais do Inferno
> ROBERTO RODRIGUES

MILTON DE SOUZA
CESAR ROMERO

O Cérbero, leão de chácara dos Maiorais do Inferno
CLEMENTINO LUIZ

Mulheres do Morro
AMÁLIA PAIVA
JACYRA COSTA
GUIOMAR FERREIRA (TEN)

Garotos engraxates
PAULO MATOSINHO
DECIO RIBEIRO PAIVA
HUGO DA COSTA MOTA

As fúrias
MILKA
GLÓRIA MOREIRA
MALU
CISNE BRANCO
NILCE CASTRO

Homens da Tendinha
GERALDO FERNANDES (TEN)
JAIME FERREIRA (TEN)

Montagem JOSÉ GONÇALVES
Equipe de iluminação ALFREDO JOSÉ DE CARVALHO e
HAROLDO CASQUILHO
Figurinos executados por DULCE LOUZADA
Cabeleiras executadas por MOTEL FISZPAN
Máscaras executadas por GUIMARÃES
Contrarregra JORGE DE CARVALHO

Produção F. GONÇALVES DE OLIVEIRA e
NORMAN BRUCE ESQUERDO
Fotos de JOSÉ MEDEIROS
Os sambas da peça são de ANTÔNIO CARLOS JOBIM e
VINICIUS DE MORAES

Fizeram cartazes para a produção os seguintes artistas:

CARLOS SCLIAR
DJANIRA
RAIMUNDO NOGUEIRA
LUIZ VENTURA

VINICIUS DE MORAES PEDE PARA FAZER O SEGUINTE COMUNICADO AOS ARTISTAS

Infelizmente, estando há quatro dias doente em casa, não me tem sido possível atender pessoalmente às sessões de *Orfeu da Conceição*. Foi, pois, com a maior surpresa que recebi do secretário da produção uma telefonada segundo a qual as bailarinas, os passistas e os elementos do coro haveriam anunciado ao diretor e ator Waldir Maia sua intenção de não vir trabalhar na próxima terça-feira caso não recebessem integralmente a última quinzena de outubro, a que têm pleno direito.

Quero lembrar a esses elementos, principalmente às bailarinas, que a peça *Orfeu da Conceição* não foi montada à base de palavras gordas como direitos e deveres, e sim num movimento de entusiasmo e idealismo, à frente do qual estiveram comigo, desde o princípio, desde o início, o ator Haroldo Costa, depois o diretor Leo Jusi e o ator Abdias do Nascimento. Os dois últimos viviam me dizendo o quão importante era para o negro brasileiro a montagem de *Orfeu da Conceição*, e em mais de uma ocasião deram-me a entender que trabalhariam de graça, se necessário fosse, para que essa peça, que eles consideravam da maior importância para o teatro brasileiro, e para a dignificação do negro no Brasil, fosse montada e fizesse uma carreira brilhante no Brasil. É do conhecimento de todos em que deu o idealismo de ambos.

Com um enorme prejuízo para a minha carreira, sem falar nas responsabilidades financeiras que assumi, que sobem a mais de mil e duzentos contos, e que terão de ser pagas com o meu trabalho, não hesitei em montar a peça, levando pela primeira vez ao palco do Teatro Municipal, graças exclusivamente ao prestígio do meu nome, um elenco totalmente negro, sem poupar quaisquer despesas, e dando a todos os elementos do elenco uma publicidade que, não fossem meus conhecimentos junto à imprensa, não haveria dinheiro que pagasse. Creio que dificilmente um empresário pode ter sido mais amigo de seus artistas do que eu. Naquela ocasião o dinheiro era contado, mas sempre o havia. E fora do dinheiro do financiador, apliquei eu próprio a maior parte do meu salário, todos os meses, para que nada faltasse à Companhia.

Num momento em que, por circunstâncias adversas que são do conhecimento de todos, a renda da apresentação no República não atinge nem de longe aos gastos feitos, e em que se tem de fazer diariamente uma conta de chegar, a fim de atender a compromissos que ainda vêm do Municipal, e não foram pagos; num momento em que seria preciso de cada um e de todos um espírito de equipe e de sacrifício para levar o barco a bom termo, pelo menos moralmente, nesse momento é que recebo um recado desses. Considero-o como uma falta de espírito de solidariedade e sobretudo como uma ingratidão pessoal. Quero aqui me referir particularmente às bailarinas.

Considero uma fraqueza não levar *Orfeu da Conceição* até o final da temporada, embora saiba que terei de trabalhar anos a fio para saldar todos os compromissos que ela me vai deixar. Pretendia fechá-la definitivamente dia 11, e assumir perante cada um a responsabilidade do que lhes devo. A temporada do República não deixa nenhuma disponibilidade para ir para outro teatro, ou mudar para São Paulo. O recado que me chega, no entanto, só me deixa uma alternativa: colocar o problema diante dos atores, e de todo o pessoal da secretaria e da direção, para que eles opinem. Fica claro que os pagamentos, até o dia 11, só poderão ser feitos parceladamente, e que é assim mesmo possível que não possam ser integralmente cobertos — isso embora esteja sendo dada prioridade absoluta ao pagamento dos atores. Elementos da peça como João Baptista Stockler, o nosso Juca, não foram sequer pagos pelo seu trabalho no Municipal — de tal modo tem a Companhia procurado atender, antes de tudo, ao pagamento dos atores. Nenhum dos elementos da secretaria e da direção recebeu um vintém, conscientes dessa mesma responsabilidade. Luiz Bonfá, certamente com grande prejuízo para ele, pois trabalho não lhe falta, está cooperando à base do futuro: e o futuro, no caso, chama-se Vinicius de Moraes.

Deixo, pois, a resolução desse impasse à consciência de cada um, estranhando profundamente o gesto de que tive conhecimento. Sei que todos precisam de dinheiro. Mas sei também que abandonar o barco neste momento é dar armas aos falsos homens de teatro no Brasil e aos detratores do homem de cor brasileiro e da sua capacidade de ser civilizado. E assim fica dito.

MINHA EXPERIÊNCIA TEATRAL*

Embora eu seja naturalmente avesso a escrever diários, hoje me arrependo de não tê-lo feito no caso de *Orfeu da Conceição*. Um diário da produção ter-me-ia permitido registrar situações e fatos ocorridos no decorrer dos trabalhos de planificação e ensaio da peça, aos quais não faltou um interesse a bem dizer romanesco.

Agora infelizmente é tarde para fazê-lo. Fica, pois, toda essa rica e fecunda experiência humana e artística (que para mim o foi) limitada a estas anotações reflexas — a memória do "feliz autor" quem sabe ensombrecida pela do empresário malogrado, que ambos fui, em toda a plenitude.

Fazendo agora minhas contas, para efeito de um balanço final de meus prejuízos pessoais com a peça, vejo que nela perdi mil e duzentos contos de dívidas contraídas, mais cerca de quatro mil dólares que deixei de perceber por haver queimado toda a minha licença-prêmio na aventura de encená-la. De fato, na minha qualidade de diplomata em posto em Paris, não me restou outra alternativa para ficar no Brasil senão recorrer a esses seis meses integrais de férias remuneradas a que todo servidor público tem direito depois de dez anos de trabalho. Só que — e ninguém há de nunca saber bem por quê — o fato de passá-las o servidor no seu próprio país reduz essa remuneração a mais ou menos a metade. O que equivale a dizer que perdi aí por volta de mil e quinhentos contos com o indiscutível sucesso de minha peça *Orfeu da Conceição*.

---

* Texto inédito, que ficou inconcluso, cujo título foi dado pelo autor. (N. O.)

Ajuda dos poderes públicos não tive nenhuma. E não por má vontade desses poderes. Um pedido de subvenção feito ao Ministério da Educação, que o encaminhou ao Serviço Nacional de Teatro, encontrou o pote já totalmente raspado pelas outras companhias. Um outro pedido de cessão do Teatro João Caetano, feito à Prefeitura, embora tivesse encontrado a maior boa vontade por parte do embaixador Negrão de Lima, esbarrou com os interesses do mágico Kalanag que, depois de um mês de casas fracas, começou a melhorar justamente no período em que o teatro me devia ser entregue. Uma temporada em São Paulo, que me teria salvado, tornou-se impossível devido à inexistência de um teatro estável, onde a peça pudesse permanecer e cumprir uma temporada normal. Em São Paulo particularmente a cooperação encontrada foi inexcedível. O governador Jânio Quadros prometeu-me pessoalmente autorizar uma subvenção de duzentos contos, caso a Comissão de Teatro estivesse de acordo com o pedido. Sérgio Cardoso dispôs-se a encurtar de alguns dias sua temporada, a fim de que eu pudesse contar, por umas três semanas, com seu excelente teatro, o Bela Vista. Amigos meus, com Luís Lopes Coelho à frente, ofereceram-se para levantar-me, em cotas, o capital necessário ao aluguel do Bela Vista pelo período proposto. O prefeito Toledo Piza colocou o Teatro Municipal à minha disposição pelo tempo que se fizesse necessário. A cobertura de imprensa que tive, especialmente por parte de Flávio Porto e Matos Pacheco, não poderia ter sido mais estimulante.

Contra tudo colocaram-se imponderáveis decisivos. A temporada no Bela Vista era curta demais, considerada a fraca rentabilidade do mês de dezembro, sobretudo na semana de Natal e Ano Bom, e a obrigação de entregar o teatro no dia 4 de janeiro último, para a montagem da peça de Abílio Pereira de Almeida. O Municipal só me poderia ser dado sem solução de continuidade, um pouco tarde demais — e montar a peça no Municipal por mais de duas semanas, sem outro teatro à disposição imediatamente em seguida, seria uma loucura. A experiência no Rio provara-me — apesar de *Orfeu da Conceição* ter batido todos os recordes de bilheteria, em uma semana, do teatro brasileiro — não ser ela o gênero de peça (custo da orquestra de quase quatrocentos contos por semana, folha alta de pagamento dos artistas, realizadores, pessoal de montagem etc. que elevou a despesa, no Municipal, em uma semana, a novecentos contos contra uma receita de oitocentos e sessenta contos) capaz de se manter por mais de duas semanas em casas com a cubagem do Municipal. *Orfeu da Conceição* pede, pelo seu elevado custo de produção e tamanho do elenco, um teatro grande (por volta de mil lugares) que possa atrair todas as classes e por um período de dois a três meses no mínimo. A realidade é que o povo não vai ainda aos Teatros Municipais. Assusta-o um pouco o seu mau gosto grandiloquente.

Contra tais imponderáveis não há boa vontade ou cooperação que valha. Tive de desistir de São Paulo. Muitas pessoas me acusaram de falta de planejamento e excesso de mão aberta, como empresário. É possível. Mas contra datas não há argumentos. A única semana de que eu dispunha no ano, para o Municipal, foi aquela em que a peça foi montada. E não tivesse eu assumido os riscos de passá-la para o República, apesar de ser o pior dos teatros grandes do Rio, o povo não a teria visto, pois não havia outra casa de espetáculos disponível na ocasião. Em resumo: não tivesse eu tido o peito de montar a peça, e ela ainda estaria na gaveta, como permaneceu durante muitos anos.

Minha avó paterna, d. Maria da Conceição de Melo Moraes, que era a seu modo uma sábia senhora, dizia-me sempre que "mais vale um gosto que três vinténs". No caso, os três vinténs ultrapassam de muito o meu gabarito normal. Meu teto, para dívidas, foi sempre de duzentos a trezentos contos no máximo, de acordo com a minha capacidade de produzir dinheiro. Ter "varado a barreira do som" assusta-me, de certo modo, pois não tenho outros recursos, que não os do meu trabalho, para pagar as dívidas contraídas.

Mas não há de ser nada. Pensando bem, se tivesse de fazer tudo de novo, eu o faria. O importante é fazer as coisas, ser um construtor. Não gostaria de começar a ser covarde aos quarenta e três anos. A verdade é que montei minha peça, levei ao Teatro Municipal um elenco totalmente negro, numa peça autenticamente brasileira, e joguei na fogueira, pois estrearam, com *Orfeu da Conceição*, cinco elementos novos: o cenógrafo Oscar Niemeyer, o compositor Antônio Carlos Jobim, o violonista Luiz Bonfá, a coreógrafa Lina de Luca, e a figurinista Lila de Moraes, que vem a ser minha mulher e que ganhou com isto uma profissão menos cacete que a de dona de casa. Considero, pois, aquele milhão e meio de cruzeiros como muito bem empregados.

O que mais me atrai, em toda a aventura que foi para mim a realização de minha peça, é justamente o caráter por assim dizer "amador" com que foi feita. Esse caráter foi absolutamente mantido até o momento em que falsos pruridos profissionais, provenientes de uma natureza cuja mediocridade foi se revelando à medida, descentraram do núcleo criador da peça o diretor Jusi. Daí por diante a realização passou a ser antes um sofrimento que uma grande alegria, como vinha sendo. Pois a verdade é que a relação de um empresário, sobretudo quando este empresário é também o autor da peça, com os demais elementos que a compõem reveste-se de um caráter inelutavelmente paternal.

Porque a verdade é que os componentes de uma peça de teatro que mova, mesmo imperfeitamente como acredito seja o caso da minha, mas com sinceridade, as grandes forças da paixão humana, acabam por constituir, graças a essa associação obrigatória que busca uma perigosa e efêmera ligação do fictício ao humano, uma sociedade sui generis, construída em bases altamente emocionais, onde todos passam a viver um tom acima da pauta, e o trabalho de realizar obra tão fugaz, tão sem permanência física como é uma peça de teatro, adquire um caráter completamente obsessivo. E o autor-dublê de empresário, mais ainda que o diretor, é aquele para quem os olhos estão voltados, aquele a quem, à medida, os atores começam a emprestar um poder extraterreno, aquele investido da autoridade máxima capaz de resolver igualmente as dificuldades de bolso e as de temperamento, aquele para o qual se abrem todos os corações e sobre quem recaem todas as iras.

Do ponto de vista da criação da peça, num sentido ideal, *Orfeu da Conceição* foi sobretudo para mim o encontro de um texto com o seu verdadeiro cenário. Aliás dificilmente poderia ser de outro modo — e não apenas porque eu acredite que nada de ruim poderá jamais sair das mãos de Oscar Niemeyer, ou deixe-me influenciar pela amizade fraterna que lhe dedico há muitos anos. Não seria a primeira vez que experimento Oscar Niemeyer num gênero novo para ele. Em 1944, quando me foi confiada a direção do suplemento literário de *O Jornal* e criou-se a rubrica de "Arquitetura", foi naturalmente a Oscar que me dirigi, e confesso que nem sequer sabia se era capaz de redigir. Tinha, no entanto, tanta certeza de que o faria bem que nem por sombra esse pensamento me ocorreu. Isso porque Oscar Niemeyer é o antimedíocre, e o é sem se furtar à dialética da vida, sem tirar o corpo fora à injunção de não deixar sua criação apenas no papel mas de realizá-la com as imperfeições decorrentes de mil e um fatores exteriores que intervêm posteriormente na sua realização.

Logo que vi a maquete do cenário de Oscar Niemeyer, senti a generosidade de sua criação. Em lugar de uma interpretação individualista das rubricas que na peça sugerem o cenário, ateve-se ele mais à poesia do texto e, visando servi-la, levantou extraordinariamente o ambiente físico onde ela se devia desenrolar, contendo-lhe a ação, por si intensa e desgovernada, num jogo simples e extremamente harmonioso de duas rampas sinuosas, uma ascendente e outra fugindo, que tinham como módulo um disco central a configurar o platô onde se situava o barracão de Orfeu. Esse barracão, ele o sintetizou magistralmente, à maneira de um móbile, com dois elementos suspensos: um teto e uma moldura de janela, a metade da qual com a persiana baixada.

O ambiente sugerido, com jogar a ação contra o infinito, acrescentou de saída à peça uma dimensão nova. Sobre um cenário assim não importa que paixões, que tragédias, que violências poderiam ter lugar: elas estariam dignificadas em sua projeção contra o ciclorama atrás, a abrir espaços infinitos para a noite lunar. Num cenário assim os atores, mais do que atores no sentido stanislavskiano, seriam os portadores da palavra poética a enunciar um mundo de paixões à solta. E a peça seria o que deveria sempre ter sido, um oratório a discorrer na penumbra lunar da noite, com as personagens sem cara, em silhueta, a declamar surda, doce ou violentamente os seus maus desígnios, os seus amores, as suas cóleras.

[Vinicius inicia em seguida o elogio de um outro importante parceiro da sua peça, o compositor Antônio Carlos Jobim, que considerava um dos dois maiores riscos que tinha assumido, ao lado do diretor Leo Jusi. Mas o texto fica suspenso justamente no momento em que o autor argumenta a favor de um compositor popular.]

Quando se tratou de procurar um compositor para fazer os sambas da peça, e a música temática incidental requerida pelas rubricas, deparei-me com uma séria dificuldade. Não me parecia fosse o caso de pedi-la a um dos nossos mestres da composição erudita

1957

CRONOLOGIA

1913 Nasce Vinicius de Moraes, em 19 de outubro, no bairro da Gávea, Rio de Janeiro, filho de Lydia Cruz de Moraes e Clodoaldo Pereira da Silva Moraes.

1916 A família muda-se para Botafogo, e Vinicius passa a residir com os avós paternos.

1922 Seus pais e os irmãos transferem-se para a ilha do Governador, onde Vinicius constantemente passa suas férias.

1924 Inicia o curso secundário no Colégio Santo Inácio, em Botafogo.

1928 Compõe, com Haroldo e Paulo Tapajós, respectivamente, os foxes "Loura ou morena" e "Canção da noite", gravados pelos Irmãos Tapajós em 1932.

1929 Bacharela-se em letras, no Santo Inácio. Sua família muda-se para a casa contígua àquela onde nasceu o poeta, na rua Lopes Quintas.

1930 Entra para a Faculdade de Direito da rua do Catete.

1933 Forma-se em direito e termina o Curso de Oficial de Reserva. Estimulado por Otávio de Faria, publica seu primeiro livro, *O caminho para a distância*, na Schmidt Editora.

1935 Publica *Forma e exegese*, com o qual ganha o Prêmio Felipe d'Oliveira.

1936 Publica, em separata, o poema *Ariana, a mulher*.

1938 Publica *Novos poemas*. É agraciado com a bolsa do Conselho Britânico para estudar língua e literatura inglesas na Universidade de Oxford (Magdalen College), para onde parte em agosto do mesmo ano. Trabalha como assistente do programa brasileiro da BBC.

1939 Casa-se, por procuração, com Beatriz Azevedo de Mello. Regressa da Inglaterra em fins do mesmo ano, devido à eclosão da Segunda Grande Guerra.

1940 Nasce sua primeira filha, Susana. Passa longa temporada em São Paulo.

1941 Começa a escrever críticas de cinema para o jornal *A Manhã* e colabora no "Suplemento Literário".

1942 Nasce seu filho, Pedro. Faz uma extensa viagem ao Nordeste do Brasil acompanhando o escritor americano Waldo Frank.

1943 Publica *Cinco elegias*. Ingressa, por concurso, na carreira diplomática.

1944 Dirige o "Suplemento Literário" d'*O Jornal*.

1946 Parte para Los Angeles, como vice-cônsul, em seu primeiro posto diplomático. Publica *Poemas, sonetos e baladas* (372 exemplares, com ilustrações de Carlos Leão).

1947 Estuda cinema com Orson Welles e Gregg Toland. Lança, com Alex Viany, a revista *Filme*.

1949 Publica *Pátria minha* (tiragem de cinquenta exemplares, em prensa manual, por João Cabral de Melo Neto, em Barcelona).

1950 Morre seu pai. Retorna ao Brasil.

1951 Casa-se com Lila Bôscoli. Colabora no jornal *Última Hora* como cronista diário e, posteriormente, como crítico de cinema.

1953 Nasce sua filha Georgiana. Colabora no tabloide semanário "Flan", de *Última Hora*. Edição francesa das *Cinq élégies*, nas edições Seghers. Escreve crônicas diárias para o jornal *A Vanguarda*. Segue para Paris como segundo-secretário da embaixada brasileira.

1954 Publica *Antologia poética*. A revista *Anhembi* edita sua peça *Orfeu da Conceição*, premiada no concurso de teatro do IV Centenário da cidade de São Paulo.

1955 Compõe, em Paris, uma série de canções de câmara com o maestro Claudio Santoro. Trabalha, para o produtor Sasha Gordine, no roteiro do filme *Orfeu negro*.

1956 Volta ao Brasil em gozo de licença-prêmio. Nasce sua terceira filha, Luciana. Colabora no quinzenário *Para Todos*. Trabalha na produção do filme *Orfeu negro*. Conhece Antonio Carlos Jobim e convida-o para fazer a música de *Orfeu da Conceição*, musical que estreia no Teatro Municipal do Rio de Janeiro. Retorna, no fim do ano, a seu posto diplomático em Paris.

1957 É transferido da embaixada em Paris para a delegação do Brasil junto à Unesco. No fim do ano é removido para Montevidéu, regressando, em trânsito, ao Brasil. Publica *Livro de sonetos*.

1958 Parte para Montevidéu. Casa-se com Maria Lúcia Proença. Sai o LP *Canção do amor demais*, de Elizete Cardoso, com músicas suas em parceria com Tom Jobim.

1959 Publica *Novos poemas II*. *Orfeu negro* ganha a Palme d'Or do Festival de Cannes e o Oscar de Melhor Filme Estrangeiro.

1960 Retorna à Secretaria do Estado das Relações Exteriores. Segunda edição (revista e aumentada) de *Antologia poética*. Edição popular da peça *Orfeu da Conceição*. É lançado *Recette de femme et autres poèmes*, tradução de Jean-Georges Rueff, pelas edições Seghers.

1961 Começa a compor com Carlos Lyra e Pixinguinha. É publicada *Orfeu negro*, com tradução italiana de P. A. Jannini, pela Nuova Academia Editrice.

1962 Começa a compor com Baden Powell. Compõe, com Carlos Lyra, as canções do musical *Pobre menina rica*. Em agosto, faz show com Tom Jobim e João Gilberto na boate Au Bon Gourmet. Na mesma boate, apresenta o espetáculo *Pobre menina rica*, com Carlos Lyra e Nara Leão. Compõe com Ari Barroso. Publica *Para viver um grande amor*, livro de crônicas e poemas. Grava, como cantor, disco com a atriz e cantora Odete Lara.

1963 Começa a compor com Edu Lobo. Casa-se com Nelita Abreu Rocha e parte para um posto em Paris, na delegação do Brasil junto à Unesco.

1964 Regressa de Paris e colabora com crônicas semanais para a revista *Fatos e Fotos*, assinando, paralelamente, crônicas sobre música popular para o *Diário Carioca*. Começa a compor com Francis Hime. Faz show (transformado em LP) com Dorival Caymmi e o Quarteto em Cy na boate carioca Zum-Zum.

1965 Publica a peça *Cordélia e o peregrino*, em edição do Serviço de Documentação do Ministério da Educação e Cultura. Ganha o primeiro e o segundo lugares do I Festival de Música Popular Brasileira da TV Excelsior de São Paulo, com "Arrastão" (parceria com Edu Lobo) e "Valsa do amor que não vem" (parceria com Baden Powell). Trabalha com o diretor Leon Hirszman no roteiro do filme *Garota de Ipanema*. Volta à apresentação com Caymmi, na boate Zum-Zum.

1966 São feitos documentários sobre o poeta pelas televisões americana, alemã, italiana e francesa, os dois últimos realizados pelos diretores Gianni Amico e Pierre Kast. Publica *Para uma menina com uma flor.* Faz parte do júri do Festival de Cannes.

1967 Publica a segunda edição (aumentada) do *Livro de sonetos.* Estreia o filme *Garota de Ipanema.*

1968 Morre sua mãe, em 25 de fevereiro. Publica *Obra poética*, organizada por Afrânio Coutinho, pela Companhia Aguilar Editora.

1969 É exonerado do Itamaraty. Casa-se com Cristina Gurjão.

1970 Casa-se com Gesse Gessy. Nasce sua filha Maria Gurjão. Início de sua parceria com Toquinho.

1971 Muda-se para a Bahia. Viaja para a Itália.

1972 Retorna à Itália com Toquinho, onde gravam o LP *Per vivere un grande amore.*

1975 Excursiona pela Europa. Grava, com Toquinho, dois discos na Itália.

1976 Casa-se com Marta Rodrigues Santamaria.

1977 Grava LP em Paris, com Toquinho. Show com Tom, Toquinho e Miúcha, no Canecão.

1978 Excursiona pela Europa com Toquinho. Casa-se com Gilda de Queirós Mattoso.

1980 Morre, na manhã de 9 de julho, em sua casa, na Gávea.

1ª edição Companhia de Bolso [2013] 1 reimpressão

Esta obra foi composta pela Verba Editorial em Janson Text
e impressa pela Gráfica Bartira em ofsete sobre
papel Pólen Soft da Suzano S.A.

A marca FSC® é a garantia de que a madeira utilizada na fabricação
do papel deste livro provém de florestas que foram gerenciadas
de maneira ambientalmente correta, socialmente justa e econo-
micamente viável, além de outras fontes de origem controlada.